O Poder Organizador do Caos

Norberto Peixoto
EXU
O Poder Organizador do Caos

LEGIÃO
PUBLICAÇÕES

6ª edição / Porto Alegre - RS / 2024

Capa e projeto gráfico: Marco Cena
Revisão: Sandro Andretta
Produção Editorial: Bruna Dali, Danielle Reichelt e Maitê Cena
Assessoramento Gráfico: André Luis Alt

Dados Internacionais de Catalogação na Publicação (CIP)

P379e   Peixoto, Norberto
        Exu: o poder organizador do caos. / Norberto Peixoto. –
6.ed - Porto Alegre: BesouroBox, 2024.
        168 p.; 16 x 23 cm

        ISBN: 978-85-5527-023-9

        1. Religião. 2. Umbanda. I. Título.

CDU 299.6

Bibliotecária responsável Kátia Rosi Possobon CRB10/1782

Direitos de Publicação: © 2024 Edições BesouroBox Ltda.
Copyright © Norberto Peixoto, 2024.

Todos os direitos desta edição reservados à
Edições BesouroBox Ltda.
Rua Brito Peixoto, 224 - CEP: 91030-400
Passo D'Areia - Porto Alegre - RS
Fone: (51) 3337.5620
www.besourobox.com.br

Impresso no Brasil
Março de 2024.

Sumário

Capítulo 1 7
PALAVRAS INICIAIS

Capítulo 2 11
EXU: ORIGEM COSMOGÔNICA

Capítulo 3 19
A DIÁSPORA AFRICANA NO BRASIL
EXU NO IMAGINÁRIO DAS PRÁTICAS POPULARES

Capítulo 4 30
ALGUNS ATRIBUTOS DE EXU

Capítulo 5 33
O CARÁTER E A AÇÃO REAL DE EXU

Capítulo 6 37
A MEDIUNIDADE E O PODER VOLITIVO
DOS ORIXÁS QUE ATUAM ATRAVÉS DE
EXU – AGENTE MÁGICO UNIVERSAL

Capítulo 7 44
EXU, ESSE DESCONHECIDO
NESTA UMBANDA DE TODOS NÓS

Capítulo 8 50
AFINAL, O QUE É E O QUE FAZ EXU (ENTIDADE)
NO MEDIUNISMO DE UMBANDA?

Capítulo 9 61
QUEM ÉS, EXU?

66 Capítulo 10
EXU: PRINCÍPIO DINÂMICO DA INDIVIDUAÇÃO E DA EXISTÊNCIA INDIVIDUALIZADA

72 Capítulo 11
A ESSÊNCIA PRIMORDIAL DO ESPÍRITO – ORI – E O EXU DO "CORPO" – OBARA, O EXECUTOR DO DESTINO

87 Capítulo 12
COROA MEDIÚNICA – ORIXÁS REGENTES E OBARA (EXU DO CORPO), GUIAS E FALANGEIROS

109 Capítulo 13
A AMBIGUIDADE DE EXU – O TRABALHO DOS EXUS FALANGEIROS, ESPÍRITOS

118 Capítulo 14
POR QUE EXU É MOJUBÁ?

123 Capítulo 15
OS EXUS GUARDIÕES NEUTRALIZADORES DAS AÇÕES DO BAIXO UMBRAL

139 Capítulo 16
ASSIM É EXU... EXU É ASSIM...

144 Capítulo 17
EXU: SENHOR DOS CAMINHOS E GUARDIÃO EXECUTOR DOS DESTINOS INDIVIDUAIS E COLETIVOS (ODUS)

151 Capítulo 18
BOMBOGIRA: EXU MULHER, O PRECONCEITO COM O SAGRADO FEMININO E A INTOLERÂNCIA INTER-RELIGIOSA

157 Capítulo 19
LEGIÃO DE EXUS "CAVEIRA": FIEL GUARDIÃ DA LEI DIVINA NAS ZONAS ABISSAIS DO PLANO ASTRAL

Palavras Iniciais

Nada melhor, para ilustrar a etnografia do Grupo de Umbanda Triângulo da Fraternidade, do que falar de Exu. Fazemos questão de enfatizar que não temos nenhuma pretensão de impor qualquer verdade, muito menos escrever uma linha que seja como proposta de revelação de mistérios, pois disso o meio umbandista já está pleno.

Contrariaremos alguns, alegraremos outros. Assim como a Umbanda não tem uma homogeneidade, não almejamos ser consenso, tampouco agradar a gregos e troianos. Não buscamos poder ou notoriedade dentro do movimento umbandista, nem concordamos com quaisquer possibilidades de codificação de nossa religião.

Este singelo livro, consequência natural de nossa inquietude psíquica, nasce do esforço do pesquisador, escritor e médium, papéis que se somam para tecer um mesmo mosaico: transmitir conhecimento vivenciado, ajudando a cada um que nos ler a robustecer o seu saber, desenvolvendo senso crítico como livre pensador. Não é uma obra clássica mediúnica, mas é inspirado pelos espíritos. No caso em questão, assumiu esta responsabilidade, de ser coordenador no Astral desta proposta de estudo, o Senhor Exu Tiriri das Sete Encruzilhadas. O termo *Tiriri* é uma denominação de origem africana, iorubana, e é um epíteto de Exu, que significa Senhor Valoroso. Tem um ponto cantado que diz assim:

Exu Tiriri Lonan
Lonan cadê o Tiriri
Ele veio de Aruanda
Para salvar filhos de Umbanda

A letra deste ponto mostra a influência africana nagô na Umbanda. Como Lonan significa senhor dos caminhos, então Exu Tiriri é o Senhor Valoroso que abre os nossos caminhos. O número sete é uma insígnia simbólica de poder da entidade, da outorga que tem do Plano Espiritual que arquitetou a Umbanda, no sentido de liberdade de atuação nas encruzilhadas vibratórias que nos ligam aos diversos subplanos dimensionais que fazem parte da existência humana no planeta Terra.

O espírito que se identifica como Senhor Exu Tiriri das Sete Encruzilhadas é um "velho" ser, calejado nas lides da vida. Tendo encarnado em várias culturas, etnias e regiões geográficas do orbe, foi especialmente feliz no berço da África nagô e em sua última vida terrena, em que foi um próspero comerciante francês que acabou se mudando para a Holanda da Idade Média, onde encontrou o clima mais propício para a plantação de tulipas e a liberdade para as suas pesquisas no campo da alquimia. Apresenta-se em roupagens desta sua última encarnação, na maioria das vezes. Foi admirador do povo cigano, apreciando seu senso de liberdade. Tanto que emprestava as terras de sua propriedade para os ciganos acamparem com suas carroças, tendo um ótimo relacionamento com os clãs líderes da época. Geralmente o acompanha uma entidade feminina, a Bombogira Dama da Noite, que faz "par" com ele, sendo os dois também guardiões do Grupo de Umbanda Triângulo da Fraternidade, responsáveis por tudo que se relaciona no Plano Astral com as suas esferas de ação, as encruzilhadas. Ambos compõem a Coroa de Irradiação do Senhor Exu Sete Encruzilhadas da Lira, que reúne uma plêiade de espíritos no Plano Astral que dão cobertura a milhares de terreiros de Umbanda. Diz-nos Exu Tiriri que esta "coroa" vibratória foi plasmada nos idos da Umbanda a pedido do Caboclo das Sete Encruzilhadas, que teve Zélio Fernandino de Moraes como médium, que, por sua vez, psicografava o portentoso Exu Sete Encruzilhadas da Lira, isso nos idos da Umbanda no século passado, quando a religião se estruturava.

É importante esclarecermos o leitor de que alguns temas se repetirão ao longo deste livro, "costurando" seus capítulos. Esta aparente "redundância" é proposital e tem a finalidade didática de fixar melhor os conceitos indispensáveis ao entendimento de Exu, esse desconhecido nesta Umbanda de todos nós. Evitamos um glossário tradicional e notas explicativas, "inserindo-os", sempre que necessário, no texto, tornando a leitura mais fluída e menos enfadonha, haja vista a relativa complexidade do assunto, ainda permeado por fortes preconceitos no imaginário coletivo vigente. Mantemos o tradicional estilo de síntese, todavia sem tornar os conteúdos rasos, fazendo-os eletivos ao senso comum para uma mais dilatada compreensão dos conteúdos expostos.

Não podemos deixar de pedir licença para apresentar esta singela obra a Exu, o senhor dos caminhos e executor dos destinos, o ordenador, organizador e disciplinador de nossa existência enquanto espíritos individualizados no Cosmo Espiritual, o único Orixá que deixou de sê-lo na diáspora brasileira. O que será que houve?

Laroyê Exu, nós te saudamos!

Nosso respeito!

Exu: Origem Cosmogônica

Não é fácil escrevermos sobre Exu. Foram necessários longos anos trilhando o caminho da vivência mediúnica no terreiro de Umbanda, aproximadamente as últimas duas décadas, para que conseguíssemos abordar o tema com isenção de julgamentos e imparcial profundidade, assim escoimando interferências de doutrinas que impõem penas eternas, culpas, pecados, punições e ameaças, que lamentavelmente estão arraigadas no subconsciente profundo de todos nós, por sofrermos o impacto no psiquismo de tantas encarnações sob o domínio de religiões castradoras, notadamente o catolicismo.

É desafiador falar de Exu no contexto umbandista, dadas as tantas "Umbandas" existentes em nosso país. Não pretendemos estabelecer qualquer verdade pétrea. Tão somente emitiremos opiniões baseadas em nossas práticas rito-litúrgicas mediúnicas com Exu – vibrações cósmicas e entidades espirituais que nelas atuam, especialmente o espírito Senhor Exu Tiriri das Sete Encruzilhadas, que vibra em nosso Ori (centro nervoso mediúnico popularmente conhecido por cabeça), e demais entidades. Há que se comentar que temos ainda no Brasil a figura de Exu feminino – Bombogira –, originalmente um inquice (divindade angolana) que foi absorvido pela Umbanda, sobre o qual falaremos em capítulo à parte mais adiante.

Muitos equívocos relativos à natureza e função de Exu decorrem do fato de ele ter sido maquiavelicamente traduzido da expressão original da língua iorubá como Satã, o diabo judaico-católico, ou Príapo, o deus fálico greco-romano, guardião das casas, praças, ruas e encruzilhadas. Na mitologia de origem, nagô, explica-se a criação do universo manifestado, assim como em tantas outras religiões. Na cosmogonia iorubana, Exu foi o primeiro Orixá a ser criado para ser ordenador de todo o sistema cósmico. A gênese mítica nagô, em alguns registros etnográficos – não unânimes –, relata que Oxalá já era criado, mas "habitava" imanifesto "internamente" em Deus. Após Exu ser criado, ele é o primeiro Orixá a se manifestar. Então, a seguir, Oxalá "pôde" expressar-se como espaço infinito, que deixou de ser o nada, a vacuidade inerte – voltaremos a este conceito mais de uma vez.

Simbolicamente, pois os mitos são metáforas, devemos interpretá-los à luz de fundamentos que permeiam as verdades cósmicas. A partir de Exu, Deus se "desdobra" em muitos atributos com interferência "direta" no mundo das formas, no sentido de que este "elemento" criado primeiro foi propiciatório à criação dos demais Orixás, assim como o cimento com areia não dá liga se não for acrescentada água. Ou seja, os vários atributos divinos que entendemos como Orixás tiveram Exu como elemento de ligação para que pudessem, num impulso de movimento, se desgarrar do Criador e se expressar nas primeiras formas criadas. Então, Exu é atributo divino primordial na criação universal que se manifestou em idos primevos, que "permite" e permeia toda expressão das vidas, que se deslocam do Imanifesto – Deus – e se tornam manifestas, precisando ser "agasalhadas" por uma forma. Enfim, Exu impõe movimento no espaço – que já seria Oxalá manifestado depois dele – "cheio" de fluido cósmico fazendo-o condensar-se, como consequência da própria Mente Universal imprimindo sua força n'Ele (o contém e é contido por Exu), no início de toda coisa criada existente no Cosmo. Ou seja, nada existia, tudo era vacuidade. Eis que se fez a primeira luz e movimento, nasce Exu, o primeiro elemento morfológico universal.

Há que se considerar que a Umbanda não tem uma codificação, um livro sagrado, um profeta ou um "papa" do saber. Tentaram estigmatizar a Umbanda como religião revelada, como se um eleito profeta descortinasse seus mistérios, mas o estudioso acurado percebe que se criaram muitos conceitos equivocados, na ânsia de se conseguir o poder pelo reconhecimento da massa umbandista, o que felizmente nunca houve de forma majoritária.

Em verdade, os dirigentes umbandistas têm total autonomia para estabelecerem seus rituais e chaves de interpretações teológicas, para falarem, escreverem e omitirem suas opiniões, sem terem a revelação divina. Obviamente, todos falam das suas "Umbandas". Ou seja, da Umbanda que praticam em seus terreiros, pois ninguém tem autoridade, fruto de um poder central, para falar em nome da Umbanda como um todo. Assim, sempre que mencionarmos "Umbandas" (no plural), estamos nos referindo às diversas acomodações rito-litúrgicas existentes, como se cada agrupamento fosse uma Umbanda única, incomparável a outro centro, embora a maioria tenha um núcleo duro em comum: a manifestação do espírito para a caridade. Infelizmente, nem todos os locais que têm escrito "Umbanda" em suas fachadas realmente o são, o que requer de nós, lideranças umbandistas, que cada vez mais transmitamos o conhecimento. Escrever, registrar uma etnografia, é ajudar a religião a se consolidar cada vez mais na sociedade.

Assim, um dos objetivos principais desta obra é ressignificar Exu, mostrando-o por dentro da "práxis" do Grupo de Umbanda Triângulo da Fraternidade, organização religiosa da qual o autor é fundador, médium e sacerdote. Particularmente em seu esoterismo, realçar os aspectos éticos e benfeitores do corpo literário de Ifá, base do culto aos Orixás em sua origem africana, reinterpretando-o sob a perspectiva vivenciada no tempo e no templo religioso, em conformidade com as representações simbólicas e metafóricas reservadas a Exu contidas no saber recebido das entidades espirituais e dos registros escritos e orais dos seus versos e parábolas. Muitos atribuem uma "maldade" a Exu por causa dos mitos, inclusive certas lideranças diretamente envolvidas na diáspora do culto aos Orixás iorubanos no Brasil. O imaginário umbandista ainda vigente em muitas regiões deste imenso país, para compensar essa "distorção" do Exu original africano, fazendo-o "bom", colocam-no menos "evoluído" do que Caboclo e Preto Velho, hierarquizando este atributo – evolução. Enfatiza-se a forma de apresentação e esquece-se a essência. Outro aspecto a se refletir é sobre a citação da mitologia de Exu: os mitos são metáforas, símbolos, e devem assim ser interpretados. O maniqueísmo e o mal existem como frutos da mente dos homens e, se assim não o fosse, não existiriam espíritos maus ou bons. O Exu mitológico é um espelho pedagógico de nós mesmos, sabiamente uma maneira didática de explicar o Sagrado a criaturas primárias de compreensão mais metafísica, todavia simples e mais benevolentes do que os estudados homens modernos espiritualistas que tudo sabem. O primeiro Orixá criado que se manifestou fora do "corpo" de Deus (Oxalá já existia internamente antes de Exu) para ser ordenador do sistema cósmico, na diáspora brasileira, é sincretizado com o Diabo católico, perde seu direito de ser Orixá e passa a ser entidade sob a ordem de outras, menos evoluído então, e com menos discernimento e senso de valor do que seja certo e errado perante as Leis Cósmicas. Um grande equívoco.

Convencionou-se EXU ser supervisionado por um enviado de Orixá (espírito dito falangeiro). Essa é outra imprecisão diante do que realmente acontece na dimensão espiritual, primeiro porque EXU não é incapaz e tem hierarquia cósmica que supervisiona a todos indistintamente e, segundo, porque EXU sempre trabalha junto e a favor dos ORIXÁS – das Leis Universais, da ordem e do equilíbrio. Enfim, com tanta punição judaico-católica em nosso inconsciente e com o apelo espiritualista ortodoxo de ter-se que sofrer para queimar o CARMA, nada mais natural que EXU, o primeiro ORIXÁ a ser criado na cosmogonia de origem – iorubana – ser colocado na esquerda – inferior – sob controle. Nossos medos de falhar e de pecar ainda são muito fortes no imaginário da maioria dos centros de Umbanda – felizmente, não todos.

Para que não pairem dúvidas, haja vista os preconceituosos de plantão que refutam tudo que remete à África, num ranço etnocêntrico europeu herdado, deixamos claro que seguimos os fundamentos deixados pelo insigne Caboclo das Sete Encruzilhadas. Todavia, temos liberdade para praticar ritos e teologias de inspiração africana, notadamente nagô, buscando a sabedoria dos antigos "Pais de Segredo", conforme nosso compromisso de vida na presente encarnação – destino. Assim nos orientaram o espírito Ramatís, tutor no Plano Astral do Grupo de Umbanda Triângulo da Fraternidade, e Caboclo Pery, seu Guia Chefe. Aliás, Ramatís, pela psicografia inigualável de Hercílio Maes, seu primeiro e insubstituível médium, exalta textualmente esta sabedoria no livro A Missão do Espiritismo (capítulo sobre a Umbanda) – Primeira Edição, Livraria Freitas Bastos – 1960.

A Umbanda é resultado de um processo de reelaboração, num determinado momento histórico e recorte social da época, do espiritismo, catolicismo, xamanismo e cultos africanos, dando oportunidade de inclusão a encarnados e desencarnados para exercitarem suas crenças no campo do mediunismo. A Umbanda é dinâmica no tempo – não poderia ser diferente –, logo, não estática, reelaborando constantemente ritos, mitos e simbologias diversas – africanas, indígenas e indo-europeias (cabala, teosofia, orientalismo, catolicismo e espiritismo) –, que adquirem novos significantes e significados nos diversos terreiros, que, por sua vez, são totalmente independentes entre si, cada um tendo uma estrutura única. Os apressados poderão pensar que a Umbanda é uma degeneração de antigos cultos amalgamados entre si. Mas é exatamente o contrário, a Umbanda se regenera renovando os corações, libertando-os de prisões religiosas e dogmas intocáveis, penas, contrições e exortações ao sofrimento para termos que evoluir, assim nos localizando no aqui e agora, dando-nos a oportunidade de sermos melhores em caráter e, consequentemente, mais felizes, dependendo de nossos esforços pessoais o quanto atingiremos de plenitude no presente, na vida humana, que nunca deixou de ser espiritual.

No Grupo de Umbanda Triângulo da Fraternidade valorizamos e damos espaço ao sistema divinatório da Sabedoria de Ifá, seu corpo literário, que tem originalmente os antigos Babalaôs – Pais de Segredo – como sacerdotes de Orunmilá. Orunmilá é aspecto de OLODUMARE (DEUS); simbolicamente, é o "olho" que assistiu e testemunhou a toda a criação, desde a formação das galáxias, estrelas, sistemas solares e planetas. Orunmilá recebe o texto sagrado de Olodumare, chamado de Ifá. O Ifá, em simples palavras, é o texto sagrado de Olodumare, recebido por Orunmilá, o mesmo que a Bíblia para os cristãos e o Corão para os povos islâmicos e mulçumanos. No entanto, o Ifá é muito mais do que isso; não somente filosófico e alegórico, o Ifá carrega consigo todo o saber divino. É composto de signos na forma de versos, chamados Odus. Os Odus são decorrência da matemática cósmica, pois nascem da sincronicidade e da probabilidade. Carregam dentro de si as energias matrizes divinas que contribuíram com a formação da vida na Terra, com os ciclos naturais de acontecimentos e desenvolvimento espiritual e psicobiofísico dos espíritos humanizados – terrenos. Os Odus, muito mais do que as interpretações de destino, são forças, energias da natureza. O ser humano é um indivíduo integrante da natureza; muitas filosofias antigas nos mostram, através de seus conhecimentos, que o homem somente vive em plena harmonia quando está em equilíbrio com a própria natureza, e a natureza é a maior expressão de DEUS na Terra.

Diante do que expomos, afirmamos que vivenciamos uma "Umbanda nagô" em nossa periferia rito-litúrgica, tendo como núcleo duro teológico os fundamentos exarados pelo Caboclo das Sete Encruzilhadas. Nesta convergência, assimilamos a ética de Ifá com os ensinamentos do evangelho primevo, num saudável ganho epistemológico, consequência natural da síntese formada pelos pontos doutrinários semelhantes que nos catapultam ao melhoramento íntimo.

Estão entre os principais valores morais e éticos atribuídos aos antigos Babalaôs que serviam de modelo às comunidades: responsabilidade, devoção, dever, honestidade, esforço para melhoramento pessoal e dedicação ao trabalho. Sobressai-se a importância atribuída ao coletivo e à palavra pronunciada, que tem valor de pacto, como se fosse um contrato assinado no ocidente. A valorização do grupo – coletividade – é a supremacia do apreço dos indivíduos ao pertencimento a uma comunidade, que tem nos mais velhos o exemplo de sabedoria, a obediência, a senioridade e a ancianidade fortemente arraigados como cultura e modo de vida.

Concluindo este capítulo, não devemos confundir elemento de rito com fundamento. O fato de termos atabaques e culto aos Orixás junto com os falangeiros, jogo de búzios (merindilogun é ferramenta de Ifá), preceitos etc. na Umbanda que praticamos não descaracteriza as diretrizes da Umbanda fundada pelo Caboclo das sete Encruzilhadas. Nenhum rito que oficiamos utiliza-se de sangue ou quaisquer tipos de imolação animal e são todos gratuitos.

Retornando ao tema central desta obra, que lugar reservamos a Exu?

Capítulo 3

**A diáspora africana no Brasil
Exu no imaginário
das práticas populares**

No imaginário religioso brasileiro, onde coexiste uma infinidade de seres espirituais – anjos, arcanjos, querubins, fadas, duendes, Orixás, espíritos, ancestrais, encantados, extraterrestres galácticos e intraterrenos etc. – compondo um rico e complexo universo mítico, aparentemente contraditório, tem-se uma opinião ainda preponderante: "Exu não é coisa boa". Vamos refletir a respeito, tentando localizar o fio que teceu este enredo.

É fato amplamente sabido que nos países da diáspora iorubá (dispersão de um povo de seu local de origem em consequência de preconceito ou perseguição política, religiosa ou étnica), os colonizadores europeus foram os primeiros antropólogos das religiões a traduzirem as tradições orais africanas, atribuindo a Exu identidades alheias aos seus atributos divinos, sincretizando-o ao Diabo católico equivocadamente. Mas Exu não se opõe ao criador, Deus ou Oludumare, em nenhum momento no corpo literário de Ifá, registrado seja pela oralidade ou por escritos originais.

Assim, aconteceu um sincretismo às avessas e Exu acabou sendo o único Orixá que deixou de sê-lo no processo de inserção no Brasil. Na diáspora, houve hibridismos e metamorfoses, num caldeamento de culturas que gerou o domínio da cultura predominante – na época, obrigatoriamente católica – que estabeleceu a inculturação, um método proposital de introduzir a cultura religiosa detentora de poder de conversão, aviltando os aspectos culturais de um determinado povo dominado, submetendo-os aos do dominador. Afinal, os catequistas tinham amplos poderes, até de sentenças de morte, pois os negros e índios não tinham alma, conforme a súmula papal vigente na época. Dessa forma, o clero eclesiástico romano foi o grande articulador da escravização da África, pois era melhor ser escravo e ter uma chance de catequização – e ser salvo – do que continuar na África e ir para o Inferno.

No Brasil, a ligação de Exu com Orunmilá, no sistema ético divinatório, com os signos do corpus literário de Ifá, ao qual temos o merindilogun (jogo de búzios por odu), o método mais conhecido, desaparece junto e ao mesmo tempo em que Exu deixa de ser divino e Orixá. A sabedoria dos antigos babalaôs ficou "capenga" e abriu margem para adaptações que a enfraqueceram, como a cartomancia, o tarô, a leitura da sorte e outros métodos estranhos ao original, que fizeram arrefecer ainda mais esta rica tradição e sua ética e epistemologia. Felizmente, aos poucos, Ifá está sendo retomado no seio da Umbanda, graças, em grande parte, a W. W. da Matta e Silva que, na segunda metade do século passado, empregou este saber na Umbanda Esotérica, por ele criada.

Orúnmìlá / Ifá

"A filosofia de Ifá é uma das mais antigas formas de conhecimento reveladas à humanidade. Infelizmente, as revelações de Ọrúnmìlá têm, desde o início dos tempos, sido escondidas no mais completo sigilo, e aqueles que poderiam dispor de tempo para adquiri-las não tinham recursos para ir atrás delas. Tudo o que sabemos hoje de Ifá tem sido passado de geração em geração. O conhecimento de Ifá tem sobrevivido essencialmente pela tradição oral de um sacerdote para outro.

A expressão 'IFÁ' encerra as revelações, estilos de vida e religião ensinada por Ọrúnmìlá. Este é o porquê de ser frequentemente dito que Ọrúnmìlá é a divindade, mas Ifá é sua palavra."

"O sacerdote de Ifá é um pedaço da boca de Ọrúnmìlá e até recentemente era o eixo em torno do qual a vida diária da comunidade girava. Naqueles dias era respeitável ir abertamente até ele para buscar solução para os problemas da vida."

"É importante observar que Ọrúnmìlá não procura pela conversão dos fiéis. Esta é uma religião do indivíduo, o qual não confia na importância dos números para sobrevivência. No início, Ọrúnmìlá ensina que a melhor maneira de compreensão é prezando seus conhecimentos, o que é completamente eficaz para seu trabalho e para a melodia de sua música." (*Ibie, Cromwell Osamaro. The complete works of Orunmila–The divinity of wisdom*. EFEHI, Lagos, 1986, 251 p.)

Retornando ao tema da obra, obviamente que, da interpretação equivocada que confunde Exu com o demônio católico, decorrem, como não poderia ser diferente, adoções igualmente errôneas no sentido ritual de oferendas, como se fossem obrigadas forçosamente as suas realizações para "apaziguar" Exu, ou seja, um mero instrumento de troca que, lamentavelmente, persiste corriqueiramente em muitas "Umbandas". Enfatizemos, ainda, que o caráter executor do destino e mediador de nossos caminhos inerente a Exu foi deslocado para ele ser policial das zonas trevosas e umbralinas – não que não atue nessas esferas – e "mero" guarda de portas de entradas dos terreiros e passagens vibratórias, supervisionado e subordinado a um espírito falangeiro sob a irradiação de um Orixá. Afinal, os Orixás, no sincretismo, processo de inculturação imposto, foram "santificados", ao contrário do "demonizado" Exu. Não vamos elencar os absurdos que fazem certos terreiros pelas madrugadas, ditos das "Umbandas", com médiuns incorporados em entidades bruscas, sensuais, falando palavrões, que se vendem e causam moléstias ou saúdes, não importa a quem, desde que lhes paguem, lhes ofereçam carnes cruas com bebidas, sacrifícios... Não vamos dar publicidade ao que já é público – está nas redes sociais como o Youtube, cheio de vídeos lamentáveis de "Exus".

Muitos "umbandistas", inclusive, dizem que Exu tem que ser controlado, e assim é "escravo" dos Orixás, aquele que faz tudo que lhe ordenam, quase um serviçal despachante para os trabalhos pesados e sujos: limpezas, descargas, desmanchos e resgates.

Precisamos refletir melhor sobre isso.

A serventia, que denota a qualidade de servir a algo, a alguém ou a uma causa, não deve ser interpretada como servidão ou subserviência. Os Exus não são "escravos" de nenhuma outra entidade, espírito ou divindades.

Como algumas formas de apresentação na Umbanda – notadamente as de Pretos Velhos e de Crianças – são "ocupadas" por espíritos que vibram em certas frequências mais sutis, ficam "impedidas" de atuar em determinados sítios vibracionais – de sofrimentos das humanas criaturas encarnadas e desencarnadas e onde se exigem intensos desmanches energéticos, sob pena de se imporem pesados rebaixamentos vibratórios que seriam motivo de esforço desnecessário, pela regularidade exigida nesse tipo de atuação nas lides umbandistas. Para tanto, se utilizam da "serventia" dos Exus como instrumentos e agentes da magia – como se fossem pares, mas cada um na sua faixa de caridade e ação energética, se "complementando" no ideal de amparo e socorro àqueles que fazem jus diante dos tribunais cósmicos. Isso não significa que as entidades Exus sejam menos evoluídas do que as demais e muito menos que não possam existir espíritos iluminados, libertos completamente do ciclo reencarnatório, atuando por amor a nós como Exus.

Outros dizem que se Exu participar dos trabalhos, causará discórdias e brigas. É preciso atenção aos conceitos inadequados referentes a Exu, sérios erros interpretativos ainda existentes nas "Umbandas", notadamente nas "escolas" mais identificadas com o catolicismo popular e a hierarquização evolutiva do Cosmo Espiritual – dos espíritos menos perfeitos aos mais perfeitos –, sendo a base desta escala (espíritos menos perfeitos) preenchida por caboclos, negros e mestiços, curandeiros, benzedores, feiticeiros e xamãs; e o topo (espíritos mais perfeitos) ocupado por brancos, anglo-saxões, loiros de olhos azuis, seres galácticos, doutores da lei e médicos.

Repetindo: é ainda vigente, em muitos locais, um entendimento precipitado sobre as entidades Exus, o que, infelizmente, remete à ideia preponderante de que, se não oferendarmos para Exu antes dos trabalhos, haverá desordem no âmbito individual e coletivo no terreiro de Umbanda. Às vezes, ocorre, durante uma sessão pública, quando um consulente ou até um médium da corrente – que deveria ser educado e disciplinado – está agressivo, fora de controle, causando confusão, equivocadamente se dizer que Exu está causando discórdias no ambiente. Temos que refletir sobre o despreparo sacerdotal de muitos dirigentes: sem ética, imorais, venais e totalmente sem caráter, que só denigrem o nome da genuína Umbanda e das religiões africanas, eles mesmos praticando uma "doutrina" híbrida, oportunista, venal, amedrontadora, um "prato cheio" para a intolerância neopentecostal, que se vale de ex-médiuns mal formados e imaturos para serem catalisadores de novas conversões de fiéis, e quem paga a conta desses desmandos dos homens acaba sendo Exu.

Há que se considerar que a ausência de disciplina e de organização, associadas, evidentemente, à falta de compromisso e responsabilidade das pessoas, propicia as brechas de entrada às chamadas "quebras de corrente", o que necessariamente não se relaciona a Exu nem ao fato de se ter oferendado ou não a ele antes do início dos trabalhos. Exu é o promotor da disciplina e da organização, e quando o engajamento individual em prol do coletivo está ausente, obviamente o seu axé – vibração original – também não se fará presente, independente de oferendarmos ou não. As condições que levam à confusão e a mal-entendidos partem de nós mesmos, como apelo do ego que deseja atenção perante a comunidade espiritual, dando oportunidades para a ação de espíritos de baixa envergadura espiritual, mistificadores e zombeteiros, e o "coitado" de Exu paga o parto de "adultos" deseducados e imaturos emocionalmente.

Assim, como geralmente as pessoas comodamente preferem atribuir aos outros a responsabilidade pelos próprios fracassos e sofrimentos, no mais das vezes atribuem a causa geradora das discórdias a Exu, e não às suas próprias falhas e omissões. Esses equívocos de entendimento do que seja realmente Exu e seu trabalho favorecem a interpretação inadequada de que ele seja ambíguo, em contrário aos seus atributos divinos de promotor da ordem, da organização e da disciplina.

Exu, sendo o senhor dos caminhos abertos, transmite o conhecimento e a sabedoria necessários à realização de um bom destino na existência ampla – humana na Terra (Ayê) e espiritual no Plano Astral (Orun). Por isso é aquele que "abre" os caminhos para quem recorre a ele em busca de alívio às suas dores e sofrimentos, quando estão desorientados e confusos, sem senso de direção. Há que se considerar que Exu abre os caminhos, mas não os cria. Os caminhos foram criados antes do espírito reencarnar e pertencem ao seu programa de vida, à cabaça da existência individual. Ou seja, Exu abre e mostra os caminhos, mas não dá os passos por ninguém, pois cada um deve aprender a caminhar com seus próprios pés. Logo, Exu não facilita nem prejudica, ele "simplesmente" é executor do destino, doa a quem doer, o que, por vezes, o faz ser incompreendido.

É importante salientar que as mudanças na vida dependem principalmente de cada indivíduo, que deve ter, antes de tudo, disposição para mudar. Ao se receber a orientação de uma entidade que trabalha como Exu em um terreiro de Umbanda, certas oferendas e/ou preceitos recomendados promovem alterações energéticas favoráveis à ampliação da consciência, fator indispensável para a promoção das mudanças de atitudes e condutas necessárias ao reequilíbrio do ser. Todavia, somente por meio de esforços pessoais decorre a possibilidade de se modificar e resolver definitivamente conflitos e sofrimentos, sejam eles quais forem.

No imaginário popular "umbandista" vigente, Exu é o que mais polariza a dualidade maniqueísta do bem versus o mal, tendo a pseudocapacidade de fazer um ou outro, ao seu bel-prazer, conforme lhe seja mais vantajoso, como se fosse um despachante oportunista. Ainda colocam Exu na "esquerda", um claro indicador de inferioridade evolutiva, ao contrário das forças direitistas, numa subordinação aos espíritos de luz (falangeiros), contrariamente ao que ocorre de fato no Plano Astral com as entidades ditas Exus. Em todos esses anos de Umbanda, e lá se vão 44 desde que o autor foi batizado na Cachoeira de Itacuruçá, no estado do Rio de Janeiro, convivemos com os Exus através da mediunidade, afirmamos serem espíritos de forte senso ético e responsabilidade com suas tarefas. Já a convivência com outros médiuns incorporados com "exus" não foi tão proveitosa. Ocorre que sensitivos imaturos, cheios de recalques e traumas, medos e despreparo consciencial, num efeito espelho, transferem a "Exu" o reflexo psíquico deles mesmos, o que gostariam de fazer e não podem pelas imposições de convenções sociais e morais em que vivem. Ou seja, em verdade, falta-lhes o caráter necessário para terem cobertura dos genuínos Exus, pelos quais se fazem passar os espíritos embusteiros que os assistem. Nesse sentido, Exu perde certos atributos de origem, como ODARA – forte, bondoso e generoso –, aquele que leva os pedidos das humanas criaturas até os pés do Criador – Oludumare.

Também impressiona a quantidade de imagens de "exus" na forma de caveiras, com alfanges, cutelos, espadas, facas... Até entendemos que certa categoria de espíritos violentos das zonas umbralinas precise desse tipo de apresentação para ter respeito e assim ser socorrida. No último capítulo veremos o relato de uma entidade que atua como Exu caveira, mostrando-nos a causalidade cósmica que nos coloca exatamente, numa precisão matemática, contudo não determinista, para experienciarmos o que necessitamos ao nosso próprio burilamento íntimo. Todavia, lamentamos o fato de "umbandistas" usarem essas imagens nas redes sociais para inibir e ameaçar veladamente seus inimigos, contribuindo para semear a confusão do que seja realmente Exu.

Exu "transita no mundo dos mortos" e age em nosso auxílio. Devemos compreender que a morte não é só física, cadavérica, com cemitérios e ritos fúnebres. A morte ocorre todo o tempo no Cosmo, estrelas deixam de emitir luz... Assim também acontece com situações, atitudes, pontos de vista, opiniões... A atuação de Exu nos processos de morte se refere à renovação, pois tudo no universo humano tem um início e um fim: fatos, projetos, circunstâncias, conflitos – são ciclos que nascem e morrem.

Muitos poderão ficar contrariados com nossas interpretações de Exu. O objetivo desta obra é mostrar um pouco como é Exu de fato. Recorremos ao corpus literário de Ifá para nos preservarmos de interpretações "alheias", hibridismos e interpolações de outras religiões, procurando demonstrar a ética superior e a robustez moral – incorruptível – de Exu, que não se aprisiona a valores de época e é direcionada ao melhoramento atemporal de caráter de cada um de nós. Obviamente que, se não tivéssemos encontrado referência na convivência com tantos espíritos Exus ao passar das décadas, nenhuma doutrina externa nos moveria ao encontro do tema.

Quando nos deparamos com obras e autores diversos falando sobre Exu, pretendendo ter a "revelação" da verdade, como profetas infalíveis, que não nos deixam margem de dúvida nem nos instigam à pesquisa mediúnica, nos colocando o conhecimento pronto e acabado, "engessando-nos", pois nada há a dizer diante de uma revelação divina, encerra-se qualquer possibilidade de diálogo; ou somos ovelhas ou estamos fora da doutrina. Não é para esse tipo de leitor que nos dirigimos. Reportamo-nos aos livres-pensadores e aos que se afinizam com o fato de que na Umbanda nada é definitivo e o Orixá Exu, na sua origem, nada tem a ver com as distorções havidas na diáspora africana no Brasil, infelizmente até os dias de hoje deturpada, em muitos aspectos, por "sacerdotes" que deveriam honrá-la, mas que a deploram e conspurcam. Nós, que estivemos no passado encarnados em África, que participamos da confraria dos Babalaôs, estudando Ifá desde tenra idade, sentimos em nosso íntimo espiritual mais profundo a beleza e a dignidade desta sabedoria milenar. Não podemos ser omissos frente aos disparates de sacerdotes despreparados, imorais, venais, concupiscentes, pois, para eles, quanto mais Exu for "perigoso" e ambíguo, mais tiver "duas cabeças", uma no mal e outra no bem, mais amedrontarão os incautos ignorantes, cobrando-lhes até furarem seus bolsos, assim perpetuando-se no poder.

Nossas interpretações são próprias do contexto religioso mediúnico em que vivemos, livres de crenças e dogmas aprisionantes. Especialmente, procuramos esclarecer as crenças deturpadas que se estabeleceram com a diáspora africana no Brasil e que influenciam negativamente o imaginário popular das muitas "Umbandas", notadamente no que se refere a Exu – foco desta obra –, que se tornaram significativamente antiéticas e altamente mercantilizadas, competindo com os neopentecostais no mercado de trabalhos e "milagres" pagos. Por outro lado, também é certo que existem sacerdotes de tradição afrodescendente sérios, éticos e de caráter elevado, por fora e por dentro da Umbanda. A eles, nosso mais profundo mojubá – respeito. Rogamos ao Criador caminhos abertos a estes que lutam pelo mesmo ideal nosso, que nos ajudam num mesmo propósito: o amor pelo sagrado.

Relato do Médium

Logo após Ramatís ter nos liberado da tarefa mediúnica de psicografia, encerrando o projeto referente a seus livros, despediu-se dando-nos um abraço afetuoso, dizendo-nos que doravante estaria se aprontando para reencarnar em breve, sem precisar data. Orientou-nos que deveríamos seguir nosso caminho – destino programado – nesta encarnação, perseguindo a Umbanda dos antigos Pais de

Segredo – Babalaôs. Ato contínuo, fomos remetidos em desdobramento Astral a uma cena clarividente impactante: tínhamos em torno de 8 a 9 anos e estávamos juntos com outros "moleques" da mesma idade, todos negros, com túnicas alvas que iam até os pés, cabeças raspadas. Brincando na areia, agachados, no solo da antiga África, riscávamos com a ponta do dedo indicador os sinais gráficos dos signos de Ifá – odus. Desde então, na mesa do Merindilogun – jogo de búzios –, somos assistidos por uma entidade que foi nosso irmão nesta "maçonaria de babalaôs", que se denomina Ramaogundá e se apresenta na incorporação mediúnica como uma entidade africana, Senhor Ogum Sete Estradas. Trata-se de um velho psicólogo e trabalha para "abrir" nossos caminhos internos para que consigamos percorrê-los. Este irmão milenar assistiu meu pai como psicólogo na sua readaptação logo após ter sido socorrido e recolhido à colônia espiritual Metrópole do Grande Coração. Então, assiste-nos no Plano Astral Ramaogundá, velho Babalaô que bebeu desta sabedoria diretamente em solo africano. Gratidão a este amigo e irmão milenar pelo amparo e cobertura mediúnica! A Providência Divina nunca nos abandona: quando um mestre se vai, outro vem; eis que estamos longe de sermos mestres de nós mesmos, quiçá orientar vidas na arte divinatória de Orunmilá Ifá por contra própria sem o respaldo do lado de lá pelo canal da mediunidade.

Alguns atributos de Exu

Na criação do Universo, o primeiro impulso volitivo divino foi "desdobrar" uma parte de Si, um atributo peculiar: o poder organizador do caos e vacuidade que presidiria tudo e antecederia a criação e as "coisas" a serem criadas. Este "elemento" primordial, imanente e partícipe de tudo que existe é Exu. É o que os iorubanos chamam de a primeira estrela criada (ÌRÀWÒ-ÀKÓ-DÁ).

Exu traz consigo a neutralidade e a partir dele todos os demais atributos divinos, os Orixás, puderam "soltar-se" do Criador e mergulharam no "corpo de Deus", um oceano cósmico de fluido vital – prana ou axé –, imergindo nas dimensões vibratórias criadas, num rebaixamento energético e de frequência. Assim, vieram até o mundo manifestado terreno, que esotericamente entendemos como forças da natureza.

Neste sentido, Exu é o dono dos caminhos na mais profunda significação e significados, pois ele é o grande movimento cósmico (mensageiro, mediador e comunicador), permitindo, em conformidade com a volição do Criador, a existência da vida em todas as latitudes universais. No processo criativo divino, contínuo e ininterrupto, espíritos são criados e "jogados" para fora do útero genitor – Deus é pai e mãe –, e Exu impulsiona essas mônadas primevas (centelhas) a mergulharem no oceano da existência que lhes dará, gradativamente, as formas adequadas para que possam existir nas diversas profundidades ou dimensões. São-lhes ofertados corpos espirituais propícios ao meio que habitarão. O próprio Deus lhes presenteia.

Exu, esse desconhecido na Umbanda, é o guardião de todas as encruzilhadas vibratórias, passagens e pontos de encontro que se cruzam, tangenciam e são subjacentes entre si, compondo as diversas faixas de frequência que pairam no universo criado. É como se fosse uma gigantesca e infinita malha cósmica (símile a uma rede de pesca), em que cada nó é mantido coeso pela ação de Exu, que assim permite o trânsito em todos os fios que compõem o Cosmo. Nesses nós, encruzilhadas, os caminhos se cruzam; uns vão, outros vêm, é um ir e vir constante, onde são ofertados os muitos caminhos e possibilidades de trânsito entre o orum – planos espirituais – e o aiye – planetas e seus duplos etéreo-astrais.

A natureza de Exu que se manifesta nas humanas criaturas implica o aprimoramento de qualidades inerentes a ele: ordem, disciplina, organização, paciência, perseverança, bom senso, discernimento, responsabilidade, confiança, justiça e comprometimento, permeados pela alegria de existir, a felicidade. Assim, é lamentável que escutemos referências a Exu sendo ordenado para que "destrua" algo ou alguém, fulano ou sicrano mandado por beltrano, se a sua essência primordial é o equilíbrio de todo o sistema cósmico propiciatório à existência da vida em amplas perspectivas de melhoramento íntimo, polindo o caráter, impulsionando-nos à evolução constante e ao "retorno" aos atributos divinos do Criador, fazendo a ligação com todos os Orixás. Não por acaso, Jesus vaticinou-nos referindo-se à nossa condição de seres imortais: "vós sois deuses". E arrematou: "podeis fazer o que faço e muito mais".

CAPÍTULO 5

O caráter e a ação real de Exu

Tudo que não é bom, que se afasta de virtudes, se distancia da ação de Exu no campo vibratório dos médiuns. Claro está que essa condição serve para todas as entidades, mas é especialmente válida para os espíritos falangeiros sob a irradiação de Exu. No decorrer de uma encarnação angariamos muitos amigos e inimigos. Entre esses inimigos incluem-se os agentes responsáveis pela dificuldade ou impossibilidade de satisfação de nossas principais necessidades, inclusive alguns dos nossos estados psíquicos internos subconscientes, que se expressam como atavismos comportamentais, agem contra nós, dificultando nossa vida. Ou seja, os inimigos que nos habitam (ansiedade excessiva, insegurança, preguiça, indisposição, indolência, fraquezas de caráter, falta de sinceridade, de responsabilidade, de disciplina, de compromissos, de organização e de ordem mental, entre tantas outras) são agentes dos nossos fracassos. As atitudes e os comportamentos individuais, enquanto expressões do ser, estabelecem os principais fatores para o fortalecimento de um "escudo" de proteção com Exu.

A partir dessas considerações, talvez possamos compreender melhor o alcance da ação de Exu. Ele disponibiliza o axé – força – necessário à destruição desses inimigos, habitantes de nossa interioridade. Em outras palavras, Exu é "inimigo" de nossas fraquezas, atua no nosso lado sombra, trazendo à superfície psíquica, numa espécie de catarse, emoções, sentimentos e atitudes que bloqueiam nosso crescimento interno e a vida no plano físico. Quando identificamos esses inimigos com ajuda de Exu e trabalhamos para que se firme a mudança interna, predominando em nós a vontade de Ogum, nos tornamos gradativamente oferenda viva para os Orixás e falangeiros, companheiros de longas eras, pois nosso mundo psíquico interno fica limpo para recepcioná-los.

Nesta dinâmica, temos que entender a condição de conselheiros que os médiuns incorporados assumem na Umbanda. A eficácia de quem se dispõe a ser instrumento dos guias e falangeiros, caboclos, pretos velhos e demais espíritos, os aconselhamentos espirituais aos consulentes, isso não inicia nem termina nos transes mediúnicos ou estados superiores de consciência. Se a boca perfumada do conselheiro no dia do aconselhamento no terreiro for fétida no dia a dia, entidades mistificadoras inevitavelmente se infiltrarão em seu tônus áurico, alterando a sintonia e a estrutura medianímica, podendo basicamente acontecer duas coisas:

1. Espíritos "quiumbas" tomarem frente e se apossarem do Ori – cabeça – do médium, o que infelizmente é mais comum do que se pensa nas "Umbandas";

2. Não haverá condições para o médium suportar a carga energética demandada nas entrevistas com os diversos consulentes, advindo a fadiga fluídica, a fraqueza, a perda de axé – tônus anímico ou fluido animal – pessoal e bloqueio do fluxo de axé – vibrações – das entidades benfeitoras; o médium pode adoecer.

As duas situações são preocupantes, mas a segunda é a que mais ocorre. Neste caso, os "quiumbas", espíritos mistificadores e embusteiros, farão de tudo para proteger e cuidar do seu médium, enquanto ele estiver à mercê de seus poderes e for o caneco e piteira vivos, dando-lhes fluidos vitais para se "alimentarem". Nesta hipótese – real –, o guardião Exu não consegue "fabricar" o escudo de proteção, pois o médium é falacioso, maldoso, dissimulado, interesseiro, vaidoso... Há que se esclarecer que Exu zela por valores éticos e reconhece o poder de melhoramento dos seres humanos. Todavia, apoia e favorece as mudanças pessoais, indispensáveis à prática de virtudes que alicerçam o bom caráter. Quando isso está ausente, Exu não aprecia e não apoia, pois a indisciplina e a desorganização não fazem parte de sua ação. Ao contrário, ele retifica, faz a sombra vir à tona para o indivíduo se aprumar, mesmo que aparentemente isso possa parecer maldoso, pois Exu, acima de tudo, é justo, doa a quem doer. Ele é o mensageiro atemporal, em sincronicidade transita em nosso passado, influenciando o presente, para termos um aqui e agora melhor e uma boa colheita no futuro.

Exu é nosso cúmplice, amigo fiel, quando estamos esforçando-nos para melhorarmos intimamente. Em contrário, fantasias mirabolantes, aspirações de soluções mágicas sem esforço individual, desejo ardiloso de ganho fácil se aproveitando da inocência dos outros, isso tudo não atrai a ação cósmica de Exu, afastando-o. O compromisso e a responsabilidade que cada um deve ter, para consigo mesmo, passa por um comportamento adequado, mínimo, no campo da ética que orienta a ação de Exu.

Então, Exu é o Senhor Valoroso – Tiriri – que abre os nossos caminhos. Abre-os para o fortalecimento do caráter através da caminhada interna de superação de nosso lado sombra, para vencermos nossas negatividades. Apoia o impulso de nossa vontade, que nos conduz ao esforço pessoal, indispensável para percorremos os caminhos indicados por ele. Cabe somente a nós darmos os passos necessários à superação dos obstáculos inerentes à natureza humana.

Capítulo 6

A mediunidade e o poder volitivo dos Orixás que atuam através de Exu – Agente Mágico Universal

Durante o acoplamento mediúnico, os Mentores utilizam uma grande quantidade de energias, tanto as originadas dos condensadores energéticos do terreiro, como as do médium e as atraídas pelo próprio Mentor através de vários processos magísticos. Essas energias são direcionadas para a manutenção do contato mediúnico, para a consulta e ativações sobre o consulente e também como ajustes para o próprio médium. A Entidade responsável pelo mediunismo de seu aparelho sabe como ativar, paulatinamente, certos conteúdos do inconsciente do médium, possibilitando um aprimoramento psíquico e também expandindo gradualmente suas percepções do Plano Astral.

Quando uma Entidade da Umbanda atua sobre seu médium, movimenta as variantes do Prana (Prana, Apana, Vyana, Udana e Samana), de acordo com a vibratória original dela e com as forças que ela necessita para desenvolver determinado trabalho. Para que isso ocorra de maneira satisfatória, sem prejuízo para o médium, é preciso que o mesmo esteja com seus canais mediúnicos "limpos", com seus condutores energéticos desimpedidos. Esses canais mediúnicos e condutores energéticos referem-se aos chacras no Organismo Astral, aos Plexos no Organismo Etéreo-físico e a pequenos canais com funções semelhantes às dos vasos sanguíneos ou fibras nervosas, denominados pelos hindus como nadis ou pipas, e pelos chineses como meridianos, no organismo etéreo.

Para que um médium possa estar com seus fluxos energéticos adequados, duas condições básicas devem ser observadas:

1. O médium deve cultivar valores morais positivos, zelar por seus pensamentos e sentimentos, procurando conhecer-se e utilizando as práticas orientadas pelos Mentores de sua casa em como proceder para atingir esse objetivo;

2. Deve procurar alimentos mentais, astrais e físicos apropriados para restabelecer o desgaste energético a que é submetido no dia a dia pelo exercício de suas atividades mediúnicas, através de visualizações, cantos ou mantras, magia vegeto-astro-magnética e frequência a sítios sagrados da Natureza.

A atenção a esses fatores básicos impede que o médium tenha suas forças exauridas, que se comporte como uma bateria elétrica que se descarrega e não mais funciona.

Mantendo constantes esses princípios, o médium será como um gerador de energia, capaz de transformar energias negativas em positivas, ou mesmo absorver energias positivas e mudar seu estado para mais sutil ou mais denso (ex: a transformação de energia etérica em Astral, e vice-versa). Estamos aqui nos referindo aos médiuns verdadeiramente assistidos pelo Astral Superior.

Devido às dificuldades impostas pelo próprio médium, muitas vezes os Mentores não podem movimentar todo o potencial energético de que dispõem, pois o médium com seus condutores alterados, oferecendo resistência à passagem de correntes astromagnéticas, poderia ter sua constituição ameaçada em sua integridade. Este é um dos motivos pelos quais raros médiuns são qualificados como magistas na Umbanda, tendo suas ações restritas a certas movimentações leves da magia etéreo-física, sem as chamadas Ordens e Direitos de atuação neste âmbito. A condição de suportar todo o "embate" de energias envolvidas na magia, que faz do médium um mago e sacerdote, é aquisição de vidas passadas, um "dom" que cursos ou ritos não podem oferecer. É importante que isso fique claro, pois hoje a democratização desses cursos e consagrações, que são oferecidos a qualquer um indistintamente, passa a impressão de que a magia no mediunismo é algo simples e fácil, bastando fazer o curso com ciclano ou beltrano e ser consagrado para adquirir certos "poderes" que são uma ilusão.

Reflitamos que, após ter iniciado suas atividades como médiuns, a maioria dos indivíduos tem ainda seus canais energéticos com certos estreitamentos locais, certas "deformidades", que correspondem às imperfeições mentais e astrais que vibram do subconsciente, geradas por atos em outras vidas (ressonâncias de vidas passadas), armazenadas na memória Astral e que influenciaram na organização etéreo-física do presente Corpo Astral. Através dos ritos de adestramento mediúnico, da doutrina e até da atividade prática que exige tempo, às vezes muito tempo e paciência, os Mentores em contato mediúnico desfazem certos bloqueios energéticos e, por consequência, desativam na memória Astral inconsciente do médium os conteúdos que originaram esses bloqueios. Esta sutil e programada interferência na memória perene (registros de vidas passadas) do médium é feita à medida que o mesmo vai adquirindo condições, através do aprendizado com os Mentores e com o Mestre encarnado que o orienta, de resolver esses dilemas conscienciais e seguir avante na jornada evolutiva espiritual.

Dissemos que, conforme a ligação entre o médium e o Mentor que lhe assiste vai se estreitando, se há o empenho do médium na observância das maneiras de manter o mediunismo no tempo, os "nós" e as "deformações" dos condutos energéticos vão se dissolvendo lentamente e os conflitos conscienciais que os geraram também vão sendo equacionados. Essa fluência maior de energias permite uma ampliação da atuação do Mentor sobre aquele médium, nas consultas e trabalhos. De fato, quanto mais sintonizado estiver o discípulo, mais há o deslocamento da atuação mediúnica que passa dos campos etéreo-físico e Astral para o campo mento-astral. Entretanto, embora outras formas de comunicação mediúnica possam ser utilizadas, esses médiuns e seus Mentores não devem se esquecer da mecânica de incorporação, tão necessária na atualidade às grandes massas, pelas provas inegáveis da vida do espírito.

Em função do tipo de atuação mediúnica e vibratória da entidade, há certa predominância de uma das variantes do Prana. Essas energias significam fonte de vida para todos os seres e provêm mais diretamente do Sol, embora soframos influências de todos os astros e sítios da natureza, recompondo-se em seu espectro de variantes após a entrada na atmosfera terrestre. O Poder Volitivo dos Orixás Ancestrais só atua se associado com Exu – Agente Mágico Universal – e é o responsável pelas variações do Prana e pela manutenção da vida no planeta, nos reinos mineral, vegetal e animal, que são a base de sustentação da vida e dos processos de encarne e desencarne do Reino Hominal.

A Ciência da Movimentação de Forças Sutis de acordo com os Ciclos e Ritmos do Universo, sob a Lei Suprema, faz parte da Doutrina de Umbanda, ensinada pelos seus Guias Astralizados, que muitas vezes se apresentam nos terreiros como simples Caboclos e Pretos velhos. Assim o fazem no intuito de demonstrar que precisamos de fortaleza moral e de atividade efetiva em nossa vida espiritual para estarmos em harmonia com as correntes cósmicas da evolução que levam da Matéria ao Espírito, da Morte à Vida Eterna, da Ilusão à Realidade, mas, acima de tudo, que precisamos de muita humildade, amor e propósito em servir desinteressadamente, o que, nos parece, infelizmente, estar faltando hoje em dia, no afã de conseguirmos poderes, sermos magos, sacerdotes e consagrados, tudo muito rapidamente.

Os Orixás são aspectos diferenciados de Deus. Deus é indiferenciado de tudo o mais no Cosmo. Para se fazer "presente" no infinito universal e nas diversas dimensões vibratórias subjacentes, ele criou Exu, princípio dinâmico que propicia aos Orixás, aspectos diferenciados d'Ele mesmo, manifestarem-se através das diversas dimensões vibratórias em suas formas específicas de matéria, da mais sutil até a mais densa. Cada tipo de energia, fator ou raio que é um Orixá se expressa de muitas formas. Cada um dos espíritos regentes planetários tem, sob seu encargo, legiões e legiões de almas em diversos estágios de desenvolvimento consciencial; reinos elemental, mineral, vegetal, animal e humano.

São os cocriadores dos mundos que atuam através de ordens criativas e mantenedoras menores sob os auspícios da Sabedoria do Uno, o Incriado Imanifesto, Deus, que para nosso entendimento se faz em Trindade Divina: som, luz e movimento. Estas multidões de inteligências – espíritos – obedecem à vontade dos regentes maiores e estão continuamente elaborando os mundos e os diversos reinos da natureza pelo Cosmo infinito. A estas hostes de espíritos que trabalham na administração sideral podemos chamar de anjos, querubins ou, por afinidade, Orixás, mesmo não os sendo verdadeiramente no aspecto energético.

Neste caso, são espíritos que atuam enfeixados nas energias, fatores ou raios divinos e que se confundem como sendo essas particularidades divinas. Obviamente, essas entidades não incorporam no mediunismo terreno. São os senhores das essências básicas, das forças da natureza e os manifestadores dos fatores divinizados que determinam a governança cármica coletiva. Por desdobramento, cada espírito no mundo concreto, Plano Astral e físico, manifesta em si, numa escala infinitesimal, todas essas ondas fatoriais energéticas chamadas Orixás. Dizia o Mestre Jesus: "Vós Ssois deuses", referindo-se a elas e às potencialidades latentes de cada alma.

Viemos todos de uma fonte primeva e temos pulsantes em nós as suas capacidades. Foi para entendimento dessas energias, vibrações, ondas, fatores ou aspectos divinos, pelas populações simples e com as mentes preenchidas com o dia a dia da sobrevivência, que se criaram os mitos com os Orixás humanizados. Desde milhares de anos, as lendas se perpetuam. Diversas religiões cultuam os anjos, raios, devas e mestres. As religiões de matriz afro-brasileira e a Umbanda, tendo influência africana, cultuam os Orixás e Exu. Os

Orixás mitológicos não são espíritos individualizados. São formas de culto, humanizadas, antropomorfas, para adoração e compreensão coletiva. Essas essências fatoriais ou vibratórias influenciam cada individualidade e podem se manifestar através do transe anímico mediúnico nos sensitivos quando ritualizadas em suas formas míticas humanizadas. Assim como um oceano é indiferenciado em relação a si mesmo e um balde de água do mar de uma praia qualquer é diferenciado em relação a outras praias e mares e a este oceano que o originou, assim os Orixás são diferenciados entre si e de uma essência maior, divina, indiferenciada geradora, não tendo ligação e não sendo entidades espirituais individualizadas, tal qual o balde de água do mar não é uma baleia ou golfinho, embora eles nadem em suas profundezas. Exu seria a força gravitacional que permite às moléculas unirem-se e formarem os oceanos.

Capítulo 7

Exu, esse desconhecido nesta Umbanda de todos nós

Seria possível aprofundar essa questão, polêmica por si, refletindo, por exemplo, sobre as múltiplas facetas de Exu e a diversidade de interpretações existentes nos cultos afro-brasileiros e Umbanda. Desde os idos da antiga África que Exu deixa estupefatos os circunstantes. Para alguns umbandistas, mais ligados aos dogmas judaico-católicos, é um grande incômodo, e não são permitidas suas manifestações. Outros, ao contrário, exageram, liberados de constrições culposas. Exu ainda é vestido pelo inconsciente do imaginário popular com capa vermelha, tridente, pé de bode, sorridente entre labaredas. Há, ainda, os que "despacham" Exu para não incomodar o culto aos "Orixás", dividindo os espaço sagrados – onde a divindade "baixa" Exu não se manifesta.

"Exu, sendo considerado entidade, não deve entrar", dizem os ortodoxos que preconizam a pureza de algumas nações, pois ali não há lugar para egum, espírito de morto.

Os mais entendidos nos fundamentos da natureza oculta compreendem Exu como o movimento dinâmico de comunicação entre os planos de vida. Entendem que o axé (asé) impulsiona a prática litúrgica, que, por sua vez, realimenta-o, pondo todo o sistema em movimento. Exu, vibração indiferenciada, não manifestada na forma transitória de um Corpo Astral ou outro veículo do plano concreto, é o que põe em movimento a força do axé, por meio da qual se estabelece a relação de intercâmbio da dimensão física (concreta) com a rarefeita, a dimensão espiritual. De fato, entendemos Exu como elemento dinâmico universal, independente de panteões, diásporas ou religiões terrenas. Assim como a molécula de oxigênio não pode ser desmembrada das duas moléculas de hidrogênio que compõem a água e a fazem existir, Exu é o elemento dinâmico pertencente à protomatéria do Universo, não podendo ser separado ou classificado sem a sua união com o Criador – Deus. Então, Exu é criação divina e é preexistente a tudo no Cosmo. Tudo que existe e é criado tem seu "próprio" Exu, pela sua característica de imanência aos planos da forma. Se alguém não tivesse Exu em seu próprio corpo, simplesmente não existiria individualmente, fazendo parte do todo cósmico, ou seja, não se desmembraria do próprio Deus e não seria criado. Este aspecto de Exu como princípio vital e dinâmico da criação divina será central em nossa abordagem para entendermos a amplitude de sua atuação na própria gênese cósmica na qual os espíritos nascem e tudo o mais se manifesta nas dimensões concretas – formas "separadas" do próprio Deus, que é imanifesto diretamente, mas em tudo está. Então, Exu é o elemento universal que ajuda a formar, desenvolver, mobilizar, crescer, transformar e é o elo de comunicação nas diversas dimensões vibratórias existentes "fora" do corpo de Deus, mas em verdade dentro d'Ele, pela sua onipotência e imanência.

Em conformidade com essa conceituação, Exu passa a ser indispensável, além de elemento de ligação mais importante em toda a liturgia e prática magística de Umbanda.

Sendo Exu o transportador, o que leva e traz, abre e fecha, para os africanistas ligados às tradições antigas, como concebê-lo sem o sacrifício animal para a realimentação da força vital (o asé), diante do fundamento tradicional de que o sangue é indispensável condensador energético com essa finalidade?

Quando nos referimos a africanista, não queremos dizer negro ou muito menos de origem africana. Para ser africanista, no sentido de preconizar a retomada dos antigos ritos aborígenes, especificamente nagôs iorubanos, pode-se ter qualquer cor de pele. Existem muitos negros evangélicos que têm verdadeira ojeriza a qualquer sacrifício que não seja o corpo de Jesus na cruz, assim como há muitos brancos a postos com faca afiada para ceifar o pescoço de um animal.

É necessário muita reflexão sobre as próximas afirmações.

Reduzir toda a movimentação das forças cósmicas e seu ciclo retro-vitalizador ao derramamento de sangue pelo corte sacrificial é uma visão estreita e fetichista da Divindade. É uma posição reducionista, que demonstra dependência psicológica. Na atualidade, verifica-se que essa "práxis" extrapolou os limites de fé dos antigos clãs tribais e objetiva a manutenção financeira de cultos religiosos e o prestígio de seus chefes, dado que o sangue está ligado equivocadamente à força, ao poder, à resolução de problemas e à abertura dos caminhos. Saber manipulá-lo, ter cabeça feita, ser iniciado no santo, tudo isso simboliza esse poder. Esse apelo mágico divino atrai, pelo natural imediatismo das pessoas em resolver seus problemas. Não por acaso, os neopentecostais atuam em mesma faixa de público eletivo, preconizando o sangue de Jesus como realizador de todos os milagres, num sacrifício simbólico mas não menos dependente.

Afirmamos que é plenamente possível movimentar todo o axé, harmonicamente integrado com a natureza de amor cósmico e natureza crística da Umbanda, equilibrado com sua essência, que é fazer a caridade desinteressada e gratuita, sem ceifar vidas e derramar sangue. Ocorre que o próprio aparelho mediúnico é o maior e mais importante vitalizador do ciclo cósmico de movimentação do axé. Ele é o "fornecedor", a cada batida de seu coração, do sangue que circula em todo o seu corpo denso, repercutindo energeticamente nos corpos mais sutis e volatilizando-se no plano etéreo. Dessa forma, os espíritos Mentores que não produzem essas energias mais densas e telúricas valem-se de seus médiuns, que fornecem a vitalidade necessária aos trabalhos caritativos aos necessitados. Há os espíritos que vampirizam esses fluidos. São dignos de amor, amparo e socorro os que fazem as falanges de Umbanda.

Quando falamos de sacrifício animal nas religiões, não devemos estigmatizar um segmento. Os judeus, os muçulmanos, os católicos, falando das principais religiões no Brasil, sacrificam. O que é o peru de Papai Noel no Natal? Uma ceia comunal em nome de Jesus. Infelizmente, vivemos numa sociedade hipócrita, carnívora, que frequenta quermesse dominical com batizados e churrascadas festivas e sociais, todos sentindo-se superiores aos que sacralizam animais abatidos em seus ritos religiosos. A semelhança do rito simbólico do Jesus na cruz daquele que se alimenta de churrasco e sente-se superior aos demais é a mesma do pássaro livre que desaprendeu a voar. A dependência psicológica do rito sacrificial, mesmo que simbólico, não o liberta e ainda o faz achar-se mais evoluído e superior, entre pedaços de costela e picanhas assadas no almoço paroquial.

Respeitamos todas as religiões, crenças e doutrinas. O respeito não significa concordância. Referimo-nos sempre a fatos e teologias, nunca a instituições particularizadas ou a indivíduos. Não é aceitável, à luz da consciência coletiva que se forma no Terceiro Milênio, que percamos nossa fé sendo "proibidos" de praticá-la, diante de "deuses" que se dizem "Orixás" e exigem dos seus crentes e iniciados sacrifícios animais e, se assim não procedermos, somos ameaçados de sérias punições. Nada contra quem sacrifica, se se encontra satisfeito, feliz e harmonizado, afinal, cada um responde pelas suas escolhas e não somos juízes de nada. Referimo-nos às hostes cada vez maiores dos contrariados e infelizes com a obrigação de ter que sacrificar. Tudo se transforma no tempo, nada é estático no Universo. Observemos que as regiões planetárias ao longo da história que tiveram religiões sacrificiais com cortes rituais de animais não geraram progresso espiritual e social onde estavam localizadas. Não temos nenhum resíduo de intolerância, tão somente nos apegamos aos tantos e tantos depoimentos que nos chegam, em respeito àqueles que não querem mais sacrificar e, ao mesmo tempo, querem continuar com a sua fé nos Orixás. A estes, dizemos que é possível, sim, e que os Ancestrais Ilustres ligados a essas tradições do passado remoto apoiam a ressignificação de certos dogmas pétreos no momento presente. Não por acaso, surgiu a Umbanda, uma religião não codificada, em solo brasileiro, permitindo o culto aos Orixás em uma nova perspectiva, reinterpretando usos e costumes paralisados no passado e que urge serem revistos, permitindo que uma enorme coletividade espiritual evolua e liberte-se deste ciclo sacrificial interminável. Infelizmente, outros há que transitam para outras confissões religiosas, como os neopentecostais, servindo de detratores das Umbandas... Importa verdadeiramente o respeito ao livre-arbítrio de cada um, direito cósmico inalienável de seu Ori. Acima do Ori – o Eu Interno ou divindade pessoal – de cada um de nós, só Deus. Tudo evolui e se transforma num impulso de melhoramento contínuo, rumo ao constante aprimoramento, num movimento inexorável de reencontro com o Criador.

A lei de reencarnação nos "força" a revermos pontos de vistas e verdades consagradas que são ilusões. Voltaremos a nascer em outros corpos, em diferentes raças, países, culturas e religiões, tantas vezes quanto necessitarmos, até que o fiel jardineiro do tempo retire de nós todos os espinhos que nos fazem espetar uns aos outros e aprisionam nossa evolução. Não nascemos sempre numa mesma raça e cultura religiosa, exatamente para quebrarmos em nós os radicalismos internalizados. Quem viver verá. Somos espíritos imortais, todos nós veremos e comprovaremos a verdade dessas palavras.

Capítulo 8

Afinal, o que é e o que faz Exu (entidade) no mediunismo de Umbanda?

O Incriado, o Imanifesto, Oludumare, o Deus único, não se manifesta diretamente. D'Ele se expande um "fluido" informe que interpenetra todas as dimensões vibratórias do Cosmo e, acima dessas faixas, torna-se novamente uno com Ele mesmo e os que habitam essas paragens são considerados arquitetos siderais. Num descenso vibratório, o Divino, por meio de Exu, seu agente mágico, transforma-o em veículo de manifestação da Sua vontade, oportunizando Sua manifestação indireta em todas as vibrações e formas do Universo. Assim, Exu é essencialmente o princípio vital e dinâmico de todo ser que foi criado, logo existente na criação. Sem esta "irradiação", nada existiria e haveria a vacuidade completa, e Deus seria "só" no infinito cósmico. Nenhuma transformação aconteceria e a gênese divina seria nula, não haveria criação no Cosmo, assim como gotas de um oceano que imediatamente se desintegram ao se "soltarem" dele.

Exu é o mediador cósmico e tudo que se concretiza passa por sua influência, pois inter-relaciona todas as múltiplas e diferentes formas – partes – que compõem o sistema universal, em tudo estando, em todas as latitudes espaciais. Todas as ondas, luzes e eletricidade, bem como todos os sons e magnetismo, são simples meios de manifestação de Exu, que possibilitam a junção atômica das energias cósmicas nas formas que conseguimos entender em nossa escassa percepção de encarnados. Essas energias cósmicas, em suas peculiaridades vibracionais, cada uma como se fosse manifestação específica de uma fonte oculta única – Deus –, são os Orixás. Por isso, diz o aforismo popular: "Nada se faz sem Exu".

Nas tradições africanistas, Exu é considerado o mensageiro dos planos ocultos, dos Orixás, sendo o que leva e traz, o que abre e fecha, nada sendo realizado sem ele na magia. Liberando o panteão africanista das lendas antropomorfas recheadas de símbolos e arquétipos do inconsciente coletivo, reforçados oralmente pelos sacerdotes tribais ao longo de gerações (maneira inteligente de fixar conhecimentos que de outra forma desapareceriam), conclui-se que Exu é um aspecto do Divino que tudo sabe e para o qual não há segredos. Não é à toa Exu ser indispensável e "peça" fundamental no sistema oracular de Ifá junto com Orunmilá. Teríamos que escrever uma monografia a respeito, incluindo o jogo de búzios – merindilongun –, tais são os registros etnográficos e a rica iconografia existente sobre o assunto. Resta suficiente no contexto desta obra afirmar que o sistema divinatório não existiria sem Exu, pois se Ifá acumula o conhecimento universal, teológico e cosmológico das existências humanas e a gênese mítica dos mundos espirituais, todo esse vasto arquivo de saber sagrado ancestral permaneceria estático, inacessível sem Exu, pois é o mensageiro, o grande comunicador universal.

A vibração de Exu, indiferenciada, atua em todas as latitudes do Cosmo, não fazendo distinção de ninguém, tendo um caráter transformador, promovendo mudanças justas necessárias para o equilíbrio na balança cármica de cada espírito. Lembremos que antes da calmaria a tempestade rega a terra, refresca e traz vitalidade, ao mesmo tempo que constrói, desfaz ribanceiras e quebra árvores com raios do céu. Exu é o princípio do movimento, aquele que tudo transforma, que não respeita limites, pois atua no ilimitado, liberto da temporalidade humana e da transitoriedade da matéria, interferindo em todos os entrecruzamentos vibratórios existentes entre os diversos planos do

Universo. Por isso, Exu é considerado o mensageiro dos planos ocultos, dos Orixás e, em última instância, de Deus, sendo o que leva e traz, o que abre e fecha, nada se fazendo sem ele na magia.

Nas dimensões mais rarefeitas, Exu se confunde, unido aos Orixás, com o eterno movimento cósmico provindo do Incriado, sendo característica d'Ele (a denominação dessa qualidade transformadora é impossível de ser transmitida no vocabulário terreno). Grosseiramente, Exu movimenta a energia, não é a energia propriamente: o movimento rotatório do orbe cria as ondas, mas não é a água dos mares.

Na perspectiva de uma síntese de convergência, a personalização do princípio denominado "Exu" guarda certa analogia com a que resultou no deus hindu Shiva – que constitui com Brahma e Vishnu a trindade indiana. Shiva – o princípio do movimento – cria e destrói os mundos ao ritmo de sua dança cósmica (a "dança de Shiva"), enquanto Vishnu simboliza o princípio conservador, que mantém as formas. Dar-lhe identidade e forma concreta de um deus, que poderia ser representado, foi a única maneira de simbolizar um princípio abstrato cósmico, inalcançável para a mentalidade popular. Com Brahma, o criador, e Vishnu, o princípio estabilizante do Cosmo, forma a "trindade" do hinduísmo, que, na verdade, não se constitui de "deuses", mas, essencialmente, de "princípios" cósmicos, aspectos do Criador.

As entidades que atuam como Exus são como guardiões e zeladores de nossos caminhos (nossas encruzilhadas cármicas). A vibração dessa linha atua numa faixa de retificação evolutiva, fazendo com que muitas vezes sua atuação seja confundida com o mal, o que não é de forma alguma verdadeiro. Ocorre que todos nós estamos imersos numa linha de continuidade temporal, ou seja, "mergulhados" no processo de reencarnações sucessivas, pertencentes a um ciclo evolutivo neste planeta, entendido como estágio humanizado do espírito.

Outras formas de corpos físicos e astrais existem na imensidão de orbes no Cosmo. Temos de direito a vida em um planeta e um corpo afim com nossas vibrações, que, por sua vez, vão sendo lapidadas num constante efeito de retorno gerado por causas anteriores. Este é o ponto central de atuação de Exu, pois os espíritos que operam nesta vibratória nos enxergam "desnudos", sem os envoltórios ilusórios que recheiam nosso espírito a cada encarnação.

Assim, se um Exu atua numa faixa de correção, muitas vezes no escopo de seu trabalho, alguém vai sofrer alguma mazela por puro efeito de justo retorno. Por exemplo: pessoas que foram muito ricas e despóticas em vidas passadas, na atual encarnação vão encontrar dificuldades para o ganho financeiro. Nesses casos, Exu não irá facilitar em nada essa situação, agindo dentro de uma linha justa de intercessão.

E se a criatura fizer um trabalho de magia negativa para conseguir um emprego e prejudicar alguém, e o prejudicado procurar um terreiro de Umbanda, pode-se ter certeza de que o contratante do trabalho terá como retorno todo o manancial cármico que distorceu intensificado, por um justo mecanismo de compensação cósmica, que foge ao nosso controle.

Então, o que acontecerá depois cabe a Xangô (a justiça) determinar; cabe a Exu apenas executar à risca as Leis Divinas. Parece duro, mas aprendemos com o tempo que as coisas funcionam desse modo, independentemente do que se entende como Exu ou não.

Os espíritos que manejam e atuam na vibração de Exu são calejados nas lides e na psicologia da vida, e desprovidos de sentimentalismos na aplicação da lei cármica. Entendemos que, sem essa vibratória, o planeta seria uma barafunda, e os magos do Astral inferior já teriam instalado o caos na Terra. Imagine todos os presídios de portas abertas, sem guardas, e as cidades sem policiamento ostensivo e sem delegacias ou quartéis militares...

Há de se ter bem claro que Exu não faz mal a ninguém, ao menos os Exus que são verdadeiros. Quanto aos espíritos embusteiros e mistificadores que estão por aí, encontram sintonia em mentes desavisadas e sedentas por facilidades de todas as ordens. É muito fácil se fazer passar por Exu. A própria mística entre o bem e o mal, a moral e os costumes que mudam em cada época, associados ao senso de urgência das criaturas, fazem com que entidades oportunistas se valham do mediunismo para "favorecer" a vida daqueles que os cultuam e agradam.

Os Exus atuam diretamente em nosso lado sombra e são os grandes agentes de assepsia das zonas umbralinas. Em seus trabalhos, cortam demandas, desfazem feitiçarias e magias negativas feitas por espíritos malignos, em conluio com encarnados que usam a mediunidade para fins nefastos. Auxiliam nas descargas, retirando os espíritos obsessores e encaminhando-os para entrepostos socorristas nas zonas de luz no Astral, a fim de cumprir suas etapas evolutivas em lugares de menos sofrimento.

De um modo geral, na Umbanda praticada no Grupo de Umbanda Triângulo da Fraternidade, quando autorizados dentro da lei de causa e efeito, e com o merecimento conquistado por aqueles que estão sendo amparados por suas falanges, os Exus realizam as seguintes tarefas:

* Desmancham e neutralizam trabalhos de magia negativada para prejudicar;

* Desfazem formas-pensamentos mórbidas;

* Retêm espíritos das organizações trevosas e desfazem habitações dessas cidadelas;

* Removem espíritos doentes que estão vampirizando encarnados; retiram aparelhos parasitas;

* Reconfiguram espíritos deformados em seus corpos astrais;

* Desintegram feitiçaria, amuletos, talismãs e campos de forças diversos que estejam vibrando etericamente e causando enfermidades variadas;

* Atuam em todo o campo da magia necessária para o restabelecimento e equilíbrio existencial dos que estão sendo socorridos, doa

a quem doer, em conformidade com a verdade, por determinação dos Tribunais Divinos – Xangô.

Há que se considerar que a função de guardião de Exu por vezes se confunde de tal maneira que acaba prevalecendo, em certos agrupamentos, a ideia de que Exu é só guardião. É verdade que Exu guarda as passagens, encruzilhadas, portas de entrada, tronqueiras externas e internas dos centros espiritualistas, igrejas, templos religiosos diversos, hospitais, cemitérios, terreiros de Umbanda, fraternidades espíritas... Assim como Exu também guarda as ruas, as quadras e quarteirões, os bairros, as cidades, os países, as nações, o planeta... Mas Exu é muito mais do que guardião.

Exu atua também nas descargas energéticas, na decantação vibratória de espíritos densos que ficam retidos em seu campo de atuação, seja em sítios vibracionais astro-magnéticos ligados ao ar, terra, fogo ou água, até que possam ser deslocados para outras instâncias espirituais. No vasto campo de mediunismo de terreiro, cada médium tem seu Exu individual, que o zela e protege de entidades e fluidos malfazejos. É preciso esclarecer que Exu também tem função de aconselhamento espiritual, pois muitas casas fazem sessões de caridade com Exus, como fazemos no Grupo de Umbanda Triângulo da Fraternidade.

Necessariamente, o Exu que incorpora durante as engiras de aconselhamento não é o mesmo Exu individual, assim como, de uma maneira geral, é outra entidade que atua nas descargas ou limpezas dos corpos espirituais do médium.

A nosso ver, o Exu individual é o próprio "anjo" guardião do medianeiro. Esquecemos, por não nos lembrarmos ordinariamente, que saímos do corpo físico todas as noites. Durante este fenômeno natural, de desprendimento do Corpo Astral, que se projeta para fora do corpo humano, muitas vezes somos amparados e conduzidos em tarefas socorristas, auxiliando àqueles mesmo consulentes e obsessores desencarnados que são atendidos no terreiro. Nessas ocasiões, o ectoplasma do medianeiro é o "combustível" para todas as tarefas e funções que os espíritos Mentores realizam conjuntamente – preto(a)-velho(a), caboclo, orientais, ciganos, boiadeiros... – nas diversas formas de apresentação que adotam.

O médium é todo o tempo "vigiado" por seu Exu individual, que tem compromisso cármico e de tarefa, assumida ante a Lei Divina sob a égide de Umbanda, para que sua saúde psicofísica e sanidade mental sejam mantidas. Assim, Exu abre e fecha nossas portas, nos ampara nas saídas e entradas no corpo físico, pois, quando voltamos dos trabalhos em desdobramento, a grande maioria não se recorda, pois o cérebro físico jaz inerte com o corpo de carne na cama junto ao travesseiro, não tendo vivenciado as experiências, e por isso não fica registro em seu centro orgânico de memória. Nesses casos, cabe ao nosso Exu individual nos proteger mantendo a nossa integridade mediúnica. Por isso, somente no trabalho continuado, com pertencimento no agrupamento mediúnico, se firma Exu em nosso costado. Nenhum livro, curso ou conhecimento faz isso.

Vamos abrir um pequeno "parênteses" para falarmos um pouco do estudo associado à vivência no terreiro, a nosso ver indispensável para a "feitura", preparo e formação do médium umbandista. O Grupo de Umbanda Triângulo da Fraternidade incentiva o estudo para a sua comunidade, médiuns trabalhadores, frequentadores e simpatizantes. Independente dos meios para se estudar, cada um deve ser movido por uma inquietude de busca de educação anímico-consciencial, ampliando continuamente sua espiritualidade. Aos que são médiuns e sabem disso, defendemos a opinião de que o saber vivenciado se alcança com pertencimento às comunidades de terreiro, praticando-se a teoria estudada.

A formação de um médium, seguro e firme, nunca é rápida. Pode se dar sem estudo e só com a prática, mas nunca ocorrerá só com o estudo sem a prática. O equilíbrio está em estudar, seja onde for, e praticar estando vinculado e pertencendo a um terreiro.

Pertencer é sentir-se fazendo parte de uma egrégora, de uma família espiritual. Fazer parte é confiar e respeitar a casa e o grupo que te acolhe, ao mesmo tempo em que confiam em você, respeitam e fazem você sentir-se acolhido.

Mesmo Jesus, o espírito mais excelso que encarnou na Terra, só começou a sua missão hercúlea depois de reunir os 12 apóstolos, formando uma comunidade iniciática que praticava e estudava reunida, através da oralidade do Mestre. O Sublime Peregrino nunca curou sozinho, e mesmo na cruz, pregado e açoitado com a coroa de espinhos a fincar-lhe a cabeça, rasgando-lhe a carne, não esteve só e distante.

Voltando ao nosso tema e concluindo o capítulo, assim é Exu: por vezes incompreendido; noutra oportunidade, temido; tantos outros encontros, amado; em certos desencontros, odiado; numa suposta ambiguidade para nós, por não conseguirmos entender toda a amplitude de seu trabalho; mas sempre honesto, franco, alegre, feliz, direto no que tem a nos dizer, e incansável combatente da inverdade e hipocrisia que o próprio homem alimenta no mundo.

Exu faz "par" com os Orixás, dizem os mais velhos nos terreiros. São muitos os espíritos que trabalham nas vibrações de Exu, nas várias dimensões cósmicas. No Universo, tudo é energia, e na Umbanda não é diferente: tudo se transforma para o equilíbrio, gerando harmonia. Por isso, precisamos entender as correspondências vibracionais dos quatro elementos planetários – ar, terra, fogo e água –, relacionando-os com cada um dos Orixás, regentes maiores das energias cósmicas, aprofundando a compreensão da magia específica de cada Exu. Eles atuam, segundo determinadas peculiaridades, nos sítios vibracionais da natureza, fazendo par com os Orixás, pois o eletromagnetismo do orbe é dual: positivo e negativo. O Uno, o Eterno, o Incriado, Zambi, Olurum (um mesmo nome que representa a Unidade Cósmica) é "energia" e precisa se rebaixar para chegar aos planos vibratórios mais densos, onde estamos agora. O Uno é dividido, tornando-se dual, tendo duas polaridades, onde existe a forma, o universo manifestado na matéria, interpenetrado com o fluido cósmico universal.

Um exemplo de Exu entidade, que tem para os zelosos das doutrinas puras um nome polêmico, pode ser citado: os denominados Exus do lodo. Energicamente, os espíritos comprometidos com o tipo de trabalho que chancela esse nome atuam entre dois elementos planetários: terra e água. Se misturarmos um pouco de terra com água, teremos a lama, o lodo. Essas entidades agem segundo o princípio universal de que semelhante "cura" transmuta miasmas, vibriões etéreos, larvas astrais, formas-pensamento pegajosos, pútridos, viscosos e lamacentos, entre outras egrégoras "pesadas" de bruxarias e feitiçarias do baixo Astral que se formam nos campos psíquicos (auras) de cada consulente, em suas residências e locais de trabalho, desintegrando verdadeiros lodaçais energéticos, remetendo-os a locais da natureza do orbe que entrecruzam vibratoriamente a terra e a água: beira de rios e lagos, encostas de açudes, entre outros locais que têm lama e lodo, fazendo par com o Orixá Nanã. Podem, ainda, a partir desta duplicidade – Exu e nanã –, entrecruzarem-se nas demandas sob o comando de caboclos da falange de Ogum Iara. Podem, também, atuar próximo aos mares, à água salgada, agora sob o comando de caboclos da falange de Ogum Beira-Mar ou Ogum Sete Ondas. Por isso, o ato ritualístico, em alguns terreiros, de jogar um copo de água na terra (solo) para fixar a vibração magnética da entidade, no momento de sua manifestação mediúnica (elemento que serve de apoio para a imantação vibratória das energias peculiares à magia trabalhada).

Saber cantado nos terreiros

Interpretando o simbolismo de Exu no ponto cantado portão de ferro cadeado de madeira.

Portão de ferro,
Cadeado de madeira,
No portão do cemitério,
Vou chamar Tatá Caveira.

Muitos de nós agimos como se estivéssemos atrás de um portão de ferro. São as aparências, o sucesso, a ascensão social, os bens, o status, os títulos acadêmicos... Enfim, nos colocamos de forma férrea, valorizando o que temos, o que adquirimos, o que aparentamos para a sociedade, e como somos percebidos é o que vale e nos alimenta a existência.

Mas esquecemos que temos um cadeado de madeira. Ficamos num corpo físico algumas poucas décadas, envelheceremos, nada possuímos no mundo e nem os dentes da boca levamos conosco quando voltamos à verdadeira pátria.

Não somos melhores do que ninguém e o nosso senso comum de evolução e melhoramento é tão pueril e passageiro quanto o nosso corpo físico. São os nossos cadeados de madeira, que facilmente se arrebentam, escancarando o portão de ferro que construímos com nossas ilusões.

O ponto cantado fala disso e quem é um Tata já venceu a si mesmo!!! Por isso, ele é chamado, para em nossa passagem derradeira nos levar ao lugar que é nosso de direito, sem interferências. Assim, refletiremos com tempo de sobra sobre a nossa vida material que findou.

Sem posses, sem bens, sem os títulos da Terra, sem um corpo físico, para onde iremos quando o nosso cadeado de madeira arrebentar???

Capítulo 9

Quem és, Exu?

"Que com teu falo em riste deixava estupefatos os zelosos sacerdotes do clero católico. Só pode ser o demônio infiltrado nestas tribos primitivas que habitam o solo árido da África, gritavam os inquisidores zelosos. Negros sem alma, que só pensam em se reproduzir, em ofertar para a fertilidade da lavoura, levem-nos para o Brasil e vendam-nos como escravos, que lá aprenderão as verdades dos 'céus'.

Cá chegando, quem és, Exu, 'Orixá' amaldiçoado pela dualidade judaico-católica, que não pôde ser sincretizado com os 'santos' santificados pelos papas infalíveis...

Quem és, Exu, que os homens da Terra determinam que não és santo e por isso és venerado escondido no escuro das senzalas e teus assentamentos ficam enterrados em locais secretos?

Quem és, Exu, que o vento da liberdade que aboliu a escravidão 'enxotou' para as periferias da capital de antanho?

Quem és, Exu, que o inconsciente do imaginário popular vestiu com capa vermelha, tridente, pé de bode, sorridente entre labaredas, que por alguns vinténs, farofa, galo preto, charuto e cachaça atende os pedidos dos fidalgos da zona central que vêm até o morro em busca dos milagres que os santos não conseguem realizar?

Quem és, Exu, que continuas sendo 'despachado' para não incomodar o culto aos 'Orixás'?

Exu, és entidade? Então, não entra, dizem os ortodoxos que preconizam a pureza das nações.

'Aqui não tem lugar para egum... espírito de morto...'

Exu, fiques na tronqueira. Médiuns umbandistas pensam nos caboclos e pretos velhos, não recebem esses Exus, admoestam certos iniciados chefes de terreiro. Eles são perigosos para os iniciantes.

Sim, esses iniciantes e iniciados, que pelo desdobramento natural do espírito durante o sono físico vão direto para os braços do seu quiumba – obsessor – de fé, e saem de mãos dadas para os antros de sexo, drogas, jogatinas e outras coisitas prazerosas do umbral mais inferior. Noutro dia, sonolentos e cansados do festim sensório, imputam a ressaca ao temível Exu.

Oh! Quantas ilusões!!!!!!

Afinal, que és tu, Exu?

Por que sois tão controverso?

Eu mesmo vos respondo...

Iah, ah, ah, ah...

Não sou a Luz...

Pois a Luz cristalina, refulgente, só a de Zambi, Olorum, Incriado, Deus, seja lá que nome vocês dão...

Não sou a luz... Mas sou centelha que refulge. Logo, sou espírito em evolução. Esta não é uma peculiaridade nossa, só dos Exus, mas de todos os espíritos no infinito Cosmo Espiritual. Afirmo que não existe espírito evoluído, como se fosse um produto acabado. Todos os espíritos, independente da forma, estão em eterna evolução, partindo do pressuposto de que só existe um ser plenamente perfeito, um modelo de absoluta perfeição, o próprio Absoluto: Deus.

Assim, perante os 'olhos' de Olurum, sou igual aos pretos velhos, caboclos, baianos, boiadeiros, ciganos, orientais...

As distinções preconceituosas ficam por conta de vocês.

Não sou a luz, mas tenho minha própria luminosidade, qual labareda de uma chama maior, assim como todos vós. Basta tirar as nódoas escuras do candeeiro que vos nublam o discernimento que podereis enxergar, lá dentro de vós, o que chamais de espírito.

Há algo que me distingue dos demais espíritos. É o fato de eu não estar na luz. Meu hábitat é a escuridão. Os locais trevosos onde há sofrimento, escravidão, dominação coletiva, magismo negativo, castelos de poder alimentados pelo mediunismo na Terra que busca a satisfação imediata dos homens, doa a quem doer.

O que eu faço lá?

Eu, um Exu, entre tantos outros, levo a luz às trevas, qual cavaleiro com candeeiro em punho.

Dentro da lei universal de equilíbrio, eu abro e fecho, subo e desço, atuo na horizontal e na vertical, no leste o no oeste, atrás e na frente, em cima e em baixo, impondo sempre o equilíbrio às criaturas humanizadas neste planeta, encarnados e desencarnados aos milhões.

O Cosmo é movimento, nada está parado, nada é estático.

Eu sou movimento. Não sou as ondas do mar, mas eu as faço movimentar-se... Não sou as estrelas na abóbada celeste, mas meu movimento faz a sua luz chegar até as retinas humanas... Não sou o ar que perpassa as folhas, mas as suas moléculas e partículas atômicas são mantidas em coesão e movimentadas pela minha força....

Iah, ah, ah...

Este equilíbrio não se prende às vontades humanas nem aos vossos julgamentos de pecado, certo ou errado, moral ou imoral. Eu atuo no contínuo temporal do espírito e naquilo que é necessário para a evolução, retificando o carma quando justo. Se tiverdes programado nesta encarnação serdes ricos, o serás com axé de Exu. Se for o contrário, se em vida passada abusastes da riqueza, explorastes mão de obra, matastes mineiros e estivadores de canaviais, estuprastes escravas, é para o equilíbrio de vosso espírito serdes mendigo infértil. Nascereis em favela sentindo nas entranhas o efeito de retorno, com axé de vosso Exu que vos ama; assim como um elástico que é puxado, esticando, e depois volta à posição de repouso inicial, estarei atuando para que seja cumprida a Lei de Harmonia Universal, mesmo que 'julgueis' isso uma crueldade.

Eu, Exu, vos compreendo.

Vós ainda não me compreendeis.

Eu sou livre, livre e feliz.

Vós sois preso, preso e infeliz no ciclo das reencarnações sucessivas.

Eu dou risada.

Iah, ah, ah, ah!!!!

Sabe por quê?

Porque eu sei que, no dia em que o Sol não mais existir, vosso planeta for mais um amontoado de rocha inerte vagando no Cosmo, estaremos vivos, vivos, muito vivos, evoluindo, evoluindo, sempre evoluindo.

Assim como vim para a Terra como caravaneiro da Divina Luz há milhares de anos atrás, assim iremos todos para outro orbe quando este planeta 'morrer'.

Quando este dia chegar, vós estareis um pouco menos iludidos com as pueris verdades emanadas dos homens e seus frágeis julgamentos religiosos.

Eu, Exu, vou trabalhar arduamente para quando este dia chegar, vós estejais menos iludidos e, quem sabe, livres da prisão do escafandro de carne, assim como eu sou livre, livre, livre e feliz.

Iah, ah, ah, ah, ah."

Exu Tiriri das Sete Encruzilhadas

Capítulo 10

Exu: Princípio dinâmico da individuação e da existência individualizada

É imprescindível, para que compreendamos Ori, eledá e a coroa mediúnica composta pelos nossos guias e falangeiros (trataremos desta última no próximo capítulo), a análise de Exu no sentido oculto, metafísico, esmiuçando seus fundamentos cósmicos e o seu real papel em nossas existências. Exu é um aspecto divino, literalmente atributo de Deus, e não se opõe ao Criador como o diabo das religiões judaico-católicas. Talvez esteja aí o nó górdio, a metáfora insolúvel na perspectiva da aculturação eclesiástica que se instituiu nas massas populares no Brasil, pois a cultura original africana, especificamente a nagô, a religiosidade aborígene dos iorubás, não é maniqueísta, não existindo a dualidade entre o bem e o mal na criação. Em verdade, o bem e o mal não existem e são frutos da consciência, que percebe ou não as circunstâncias à sua volta sob este olhar, eivado de culpas, pecados e sentenças infernais. Obviamente que existem leis cósmicas reguladoras de nossa evolução, que preveem equilíbrio em todo o sistema universal independente de dogmas religiosos terrenos – causa e efeito, ação e reação, livre-arbítrio, merecimento...

Na realidade, Exu é um "elemento" – se é que podemos assim defini-lo – constitutivo do Universo, dinâmico, de tudo o que existe criado, separado e diferenciado de Deus. Assim como a totalidade da Mente Cósmica Universal, Exu não pode ser isolado e classificado em uma categoria particularizada, pois em todos os locais, seja em que dimensão vibratória for, ele se encontra. Participa forçosamente de tudo que é manifesto fora do imanifesto – Criador –, sendo o princípio dinâmico propulsor divino. Sem Exu, todo o sistema cósmico seria estático, a luz das estrelas não chegaria aos nossos olhos, não haveria rotação e nem translação dos planetas, o Cosmo seria um amontoado de "entulhos" inertes, parados...

No sentido mais restrito de nossas existências, Exu é impulsionador (atributo da vontade divina) da diferenciação de nossos espíritos do todo indiferenciado que é Deus. Assim, Exu é quem mobiliza forças para que uma parte do Todo se torne progressivamente mais distinta e independente – individuação –, diferenciando-se como parte separada e autônoma da totalidade cósmica, do Uno que é Deus, fazendo-nos cada vez mais "unidades autônomas", como gotículas de água que se soltam e ficam em suspensão no ar quando as ondas batem nos rochedos ou na areia da praia. Assim, neste impulso propulsor de Exu, vamos nos tornando únicos, diferentes uns dos outros, conforme estagiamos nos reinos mineral, vegetal e animal dos diversos orbes do Universo. Se não fosse a força propulsora intrínseca de Exu, não haveria o movimento de rebaixamento vibratório de nossas mônadas ou centelhas espirituais, não se aglutinariam os átomos do Plano Astral e não conseguiríamos ocupar um veículo adequado a esta dimensão – o Corpo Astral. E assim ocorre com todos os subplanos espirituais com seus estratos de frequências afins, bem como com os seus habitantes individualizados pela força – atributo divino – de Exu.

Consideremos que o poder volitivo divino se expressa também através dos Orixás – aspectos diferenciados do próprio Deus –, que, por sua vez, fazem-se "par" com Exu, assim como a polaridade positiva se equilibra com a negativa, tal qual o passivo se complementa com o ativo.

Oludumare – Deus – criou Exu dele mesmo, de tal maneira que Exu existe em tudo e "reside" em cada ser individualizado.

No tocante ao mediunismo de terreiro, a vibração imanente de Exu consiste em uma ação contínua, que soluciona, mobiliza, transforma, comunica, encontra caminhos apropriados e justos para que o nosso destino seja concretizado em conformidade com o seu planejamento, abrindo e fechando "portais", de acordo com as experiências específicas atribuídas a cada indivíduo em seu programa de vida, trazendo as mensagens, tal qual carteiro preciso e incansável, do nosso subconsciente profundo (ipori) ao consciente (ori), indicando os caminhos necessários para que realizemos os passos pelo nosso esforço pessoal.

Cada um de nós, indivíduos constituídos na criação divina, nascidos e reencarnados, tem em si a vibração Exu. É um processo vital, equilibrador, impulsionado e controlado pelo nosso "guardião interno", baseado na absorção e restituição energética, sem o qual nosso Corpo Astral não teria força magnética centrípeta para se manter "acoplado" ao duplo etéreo e este ao corpo físico, interagindo com suas emanações metabólicas. Em contrário, haveria o desfalecimento geral orgânico – morte. Obviamente que a matriz eletromagnética astralina que envolve nossas auras, e que "contém" o Corpo Astral, tem uma força motriz peculiar – Exu – que faz com que as moléculas do Plano Astral se aglutinem, aproximando-se umas das outras e "plasmando" o próprio Corpo Astral, que é o veículo afim de expressão de nossos espíritos – consciência – nesta dimensão. Podemos inferir que Exu é a mão que pega o pincel e "joga" as tintas na tela em branco, dando-lhes forma. Sem ele, o quadro não seria pintado. Por isso, o aforismo popular na Umbanda: "Sem Exu não se faz nada".

Na concepção, um só espermatozoide, entre milhões, traz a carga genética – DNA – necessária para que o futuro corpo físico que habitaremos seja exatamente o adequado às experiências que na condição de reencarnantes teremos que passar. A força propulsora de Exu "imprime" uma espécie de molde etéreo do corpo físico a ser formado e, a partir disso, as divisões celulares começam, os processos de interface, até a mitose. Há que se dizer que existem ajustes feitos pelos mestres cármicos, em conformidade com o "carrego" que o Corpo Astral e mental – Ori – do reencarnante traz de vidas passadas, que precisam ser trabalhados no atual plano de vida na matéria carnal.

Assim é Exu, princípio dinâmico da individuação e da existência individualizada, tanto no macrocosmo, participando dos processos de gênese dos espíritos, quanto no microcosmo orgânico humano. Exu tem a função de desenvolver e expandir a existência de cada indivíduo impulsionando-o à evolução, também no sentido de retorno ao Criador – eu e o pai somos um, disse o Mestre – como fonte inesgotável de bem aventurança.

Existe um fluxo contínuo de distribuição e reposição de fluido vital, que nos propicia saúde corporal e sanidade mental. Por vezes, isso é distorcido através de atos magísticos negativos e ficamos fragilizados, tropeçando nas pernas, com passos trôpegos, inseguros e até acamados pela enfermidade que se instala. Nosso Exu individual, vibração intrínseca que se manifesta positivamente na perfeita homoestase orgânica, fica abalado. Desta feita, são necessários certos preceitos e ritos para reajustarmos o reequilíbrio de nosso sistema interno, psicobiofísico e, por vezes, mediúnico, quando os falangeiros, nossos abnegados guias e protetores espirituais, agem, se do nosso merecimento, juntamente com as entidades Exus, corrigindo o desequilíbrio, doa a quem doer, eis que o maniqueísmo do bem e do mal não existe quando Exu age restituindo o que foi tirado injustamente.

Objetivamente, Exu tem a função de equilibrador de todo o sistema cósmico, desde o macro até o micro; como bem diz um provérbio, ele fica em pé em cima de uma formiga. Assim, quem deve paga e quem merece recebe, nem um centavo a mais ou a menos, Exu sempre quitando as dívidas. Para uns, ele é sinônimo de caminhos abertos; para outros, pode ser de porteiras fechadas, mas sempre é dinâmico e atuante.

Diante de tudo que expomos até aqui, podemos concluir que Exu, em seu sentido metafísico e oculto à grande maioria das massas, presas no imediatismo do intercâmbio mediúnico com espíritos que se dizem ser Exu, mas não o são verdadeiramente, eis que, para aqueles que presumem saber como ele é, Exu não se mostra, e para aqueles que são convictos de que ele não existe, ele aparece. Assim como carrega o azeite do mercado numa peneira, todos os seres vivos, do orum ao aiye, do imanifesto ao manifesto, do imaterial ao material, indistintamente todas as porções – partes – que se soltaram da totalidade cósmica, espíritos criados, só podem existir pelo fato de possuírem em si a vibração de Exu, que, por sua vez, é um aspecto imanente do próprio Deus – Oludumare.

Exu, como princípio da vida individual humana, seu elemento catalisador e dinâmico, é conhecido como:

Obara ou bará = oba + ara – senhor do corpo.

Se cada ser criado não tivesse em si Exu, não poderia existir, eis que não teria força propulsora para se individualizar. Por isso, na Umbanda, se diz que Exu é o Agente Mágico Universal.

Claro está que, se Exu atua na condensação energética para que os espíritos estagiem e "vivam" em frequências vibratórias de alta densidade, como a humana, através da força intrínseca que formam os corpos e veículos adequados, também ocorre o contrário: quando "morremos", nos "forçam" a nos localizarmos na encruzilhada vibracional que temos afinidade e direito de estar, consequência do "peso específico" do nosso Corpo Astral que se liberta do carnal, sendo atraído para o endereço que lhe é morada de direito. Exu faz este movimento, esta comunicação, como uma encomenda que sai do remetente e chega ao destinatário.

Então, Exu é "proprietário" da força, o princípio e poder de realização. É ele que dá o impulso para a diferenciação dos seres criados, fazendo-nos adaptados a cada plano vibratório, do mais sutil ao mais denso, e vice-versa; eis que tudo que sobe desce e tudo que abre fecha, assim é Exu.

CAPÍTULO 11

A essência primordial do espírito – ORI – e o Exu do "corpo" – OBARA, o executor do destino

A Umbanda praticada no Grupo de Umbanda Triângulo da Fraternidade absorve os conhecimentos dos africanos nagôs, reinterpretando-os à nossa necessidade rito-litúrgica em conformidade com a orientação dos guias astrais que nos assistem. É alicerçada fundamentalmente na vivência coletiva, comunal, em que nos relacionamos com o plano sobrenatural, repleto de irradiações dos Orixás e preenchido por espíritos, falangeiros e ancestrais ilustres. Sabemos que o mediunismo é indispensável e, sem cobertura Astral dos falangeiros, nada faríamos. Por outro lado, temos buscado insistentemente um sentido para a nossa estada terrena e num templo umbandista, tentando fugir da acomodação de "utilizarmos" o mundo dos espíritos como bengala para nossas fragilidades psíquicas e carências emocionais.

Chegará o dia em que seremos tão luzes como nossos orientadores do lado de lá, mas podemos esforçar-nos para tirar o candeeiro debaixo da mesa aqui e agora. Jesus, o maior Mestre que já esteve entre nós, animando um corpo carnal, vaticinou: "Eu e o Pai somos um e vós sois deuses", mostrando-nos nossa potencialidade cósmica.

Há que se considerar que, naturalmente, o Cosmo Espiritual é mantenedor do material, sendo tudo o que existe consequência do lado de lá. Somos um duplo, uma cópia ou reflexo de uma realidade maior, que se nos apresenta para vivermos nesta matéria em consequência de um processo de condensação de energias, num trânsito constante que ainda não entendemos em plenitude, mas podemos concluir e fortalecer nossa fé que é por obra da criação divina.

Somos formas transitórias de uma fonte irradiante cósmica, a grande mente universal, tudo provindo d'Ele. Assim, toda existência animada – vida – e inanimada – sem vida – manifesta-se basicamente, para nosso precário entendimento cartesiano e ainda físico, em planos vibratórios que se completam: o natural e o sobrenatural, o concreto e o abstrato, o físico e o hiperfísico, aos quais denominamos aiyê e orun, respectivamente. O orun, que é "recheado" de subplanos (extratos de frequências justapostos) espirituais, "divide-se" em nove subplanos vibratórios, ou dimensões paralelas, conforme a física quântica, que não abordaremos neste livro, pois fugiria à sua proposta temática central.

Portanto, para efeito de abordagem deste capítulo, é indispensável sabermos que tudo que existe em nosso plano vibratório tem duplicidade energética etéreo-astral, mas nem tudo que existe na dimensão do lado de lá tem duplo na matéria, embora possa influenciá-la. Somos um "aglutinado" de elementos que irão se dispersar um dia e se rarefarão, retornando a nossa consciência a habitar "somente" seu "avatar", sua forma sustentadora no Plano Astral, o Corpo Astral. Quando encarnamos, éramos preexistentes e a formação do corpo físico foi consequência de uma força magnética dinâmica com vários atributos divinos, a qual denominamos **Exu – princípio dinâmico da individualização.**

Há que se dizer que o Corpo Astral é muito mais complexo do que o organismo físico, pois o corpo de carne é feito para o homem viver na Terra em média de 60 a 80 anos; enquanto este veículo é organização "definitiva" para o espírito e sua consciência, até que ascenda para outros planos, habite o Plano Astral que envolve o planeta. Em verdade, os espíritos desencarnados possuem órgãos semelhantes e bem mais complexos do que os existentes no corpo de carne.

Então, os órgãos do corpo físico são apenas "cópias" limitadas dos "moldes" esculpidos na substância vibratória do Corpo Astral, o que faz nosso organismo reflexo desse veículo da consciência. A maioria dos espíritos do lado de lá possui órgãos semelhantes aos do corpo físico, o que não implica que seu metabolismo seja idêntico ao dos encarnados. Esses órgãos continuam a servir-nos após a morte, em funções semelhantes às dos órgãos da matéria, mas não iguais, pois a nutrição do Corpo Astral é outra, e bem diferente, de acordo com o subplano Astral que habitaremos.

Fizemos essas digressões básicas sobre a fisiologia do Corpo Astral para demonstrar que os espíritos benfeitores precisam de certos fluidos animais e de alguns elementos utilizados como condensadores energéticos, para que possam interagir e interferir na matéria física etéreo-astral durante os trabalhos mediúnicos. Assim, compreendemos os fundamentos do arsenal de Umbanda, que não detalharemos, pois entendemos que existem muitos outros compêndios que já o fizeram e cabe a cada um de nós estudar, instruir-se e procurar o manejo adequado dos elementos no mediunismo de terreiro.

Estávamos falando de Exu – princípio dinâmico da individualização, esta força magnética que realiza a condensação, um tipo peculiar de aglutinação energética que faz reproduzir as células da concepção até a formação completa do novo corpo físico, a gênese orgânica que entendemos como gravidez, na qual nosso Corpo Astral e consciência são "vestidos" por um novo "paletó de carne" para que possamos vivenciar nosso programa de vida ou destino na matéria densa terrena.

Basicamente, temos três especificidades constitutivas, que adotaremos para efeito didático deste capítulo:

* **Ara**: a porção energética que forma o corpo físico, decorrente do campo de força bioeletromagnético que criou e mantém a coesão atômica molecular que forma os órgãos e, consequentemente, todo o organismo;

* **Ori**: a porção energética ligada ao espírito, sua consciência, que se expressa através da cabeça – cérebro –, mas que, por sua vez,

não é física, preexistindo antes da reencarnação e, depois da morte física, continua viva e plenamente se manifestando. Por sua vez, contém e envolve um núcleo energético central (ipori);

* **Ipori**: o núcleo intrínseco do espírito, nossa mônada centelha ou chispa divina, nossa divindade interior, pois é formada da mesma "matéria" primeva símile a Deus. Não por acaso, Jesus vaticinou: "Eu e o Pai somos um", "O que eu faço, podereis fazer e muito mais" e "Vós sois deuses".

Inexoravelmente, Ori se formou no entorno deste núcleo intrínseco do espírito – ipori –, que, por sua vez, se "soltou" da matéria – massa- primordial, protoplasma sagrado que não conseguimos definir em palavras, o próprio Deus imanifesto, onisciente, imanente, onipotente e consequente Criador de todos nós – cabeças –, que, por sua volição – vontade –, faz, ininterruptamente, "porções" d'Ele se "soltarem", diferenciando-se do Todo Cósmico que Ele é. No momento em que esta porção se solta, como gota do oceano, temos a potencialidade do Criador em nós, mas somos diferenciados em relação à massa de origem. Como espíritos criados, somos submetidos a um Orixá ancestral, que demarca nossa vibração primeva e nos acompanhará no infinito existencial. Ao mesmo tempo, somos expostos ao princípio dinâmico e de comunicação irmanado do próprio Deus, um de seus atributos divinos, que é Exu, aspecto propulsor que nos "empurra" num descenso vibratório para que cheguemos gradativamente às dimensões mais densas – Plano Astral – e, a partir daí, tenhamos contato com as formas e condições de adquirir individuação e consciência que se darão no ciclo de reencarnações sucessivas, e nos reinos mineral, vegetal e animal que fazem parte dos diversos planetas do Universo.

Assim, nosso ipori – centelha, chispa divina ou mônada – galga o infinito ciclo evolutivo do espírito imortal, num momento adquirindo consciência – Ori –, nos "separando" das almas grupos e animais, sendo inseridos na lei cósmica de causa e efeito, de ação e reação, adquirindo, finalmente, livre-arbítrio. Como uma planta nova, uma muda, que sai do vaso e é plantada na terra, sofrendo a partir daí as intempéries do tempo, estaremos à mercê da legislação reguladora de toda a evolução cósmica, que em justiça perfeita estabelece a semeadura livre e a colheita obrigatória para todos nós.

Então, quando fomos criados pelo Criador, como chispas que se desgarraram de uma grande labareda, já nascemos com um núcleo central, nossa mônada, única, divina, imortal, que faz parte da gênese criativa dos espíritos. Este fulcro vibratório tem a potencialidade de Deus em estado permanente de germinação, cabendo a nós o arado do jardim e o plantio para que um dia sejamos arquitetos siderais. Ou seja, nos diferenciamos deste todo cósmico, mas ainda não adquirimos prontamente consciência, faltando-nos a individuação como seres pensantes independentes.

O conceito de Ori relaciona-se à consciência, condição essencial para sermos espíritos plenamente individualizados. Adquirimos um destino, que não é determinismo, necessário para os espíritos humanizados completarem seu estágio existencial evolutivo entre as reencarnações sucessivas. A cada encarnação temos um plano de provas – não confundir com o pecado, a punição e o sofrimento impostos pela cultura judaico-católica – e ocupamos um novo corpo físico, animando mais uma personalidade transitória. Obviamente que, a cada vez que retornamos ao vaso carnal, temos um programa de vida detalhadamente elaborado, o que não significa, repetimos, determinismo inexorável, pois, se assim o fosse, seríamos como robôs com uma programação de fábrica, sem margem para o livre-arbítrio alterar as causas geradoras de efeitos cármicos – negativos –, passando-as para retornos positivos que nos libertam da inferioridade humana – darma. Inexoravelmente, sermos impulsionados para a felicidade e a cultura espiritualista de ter que "queimar carma" como mote de sofrimento nos parece uma distorção na interpretação das leis divinas, decorrentes do amor. Claro está que somos responsáveis pelos nossos atos e suas consequências. Enquanto não aprendermos a manejá-los adequadamente, é certo que também sofreremos, mas entendemos que Deus não é "maniqueísta", e muito menos faz apologia do sofrimento. Em verdade, temos muito medo de sermos felizes aqui e agora, pelos profundos condicionamentos subconscientes de culpas e pecados, que enraizaram em nós recalques e traumas, notadamente pela exposição às religiões sentenciosas ainda existentes no mundo.

É interessante notarmos que na cosmogonia nagô, que seguimos no Grupo de Umbanda Triângulo da Fraternidade, absorvendo seus ensinamentos metafísicos associados aos ditames morais da sabedoria de Ifá e do evangelho primevo e consolador do Cristo (nada a ver com o cristianismo eclesiástico que absorveu do judaísmo a hierarquização do acesso a Deus, criando uma casta sacerdotal), Ori é reconhecido como uma divindade do panteão. Consideram Ori muito importante, mais do que os Orixás, exceto quanto a Oludumare – Deus. O Ori de todo ser humano é reconhecido como o seu "deus pessoal", o que se espera seja "preocupado" com seu destino. Podemos inferir que o subconsciente profundo é o nosso "olho que tudo vê", é o nosso Eu Superior ou Crístico, que sabe o que é melhor em termos de experiências para a nossa evolução e aperfeiçoamento íntimo, psíquico, moral e, consequentemente, de caráter. Não por acaso, mais uma vez repetimos: Jesus, o Divino Mestre, afirmou "Vós sois deuses".

Logo, na Umbanda que praticamos, a cabeça – Ori – é sagrada, assim como os Orixás – Ogum, Xangô, Omulu, Oxum, Iemanjá, Oxossi, Iansã... Condicionamo-nos, nas religiões instituídas, num processo de infantilização espiritual, a cultuarmos o santo, o pastor, o padre, o sacerdote, a pitonisa, o oráculo, o mago, o médium... desconectando-nos da fonte divina que é o Criador. O culto a Ori na Umbanda faz com que nos religuemos ao nosso potencial divino e à sua fonte mantenedora, que é Deus, sem intermediários, sendo o caminho a ser percorrido dentro de cada um, embora tenhamos ritos e oficiantes, liturgias e preceitos, os quais são apenas facilitadores para a busca desta ligação interior.

Existe um itan – provérbio ou parábola – nos vaticínios de Ifá que diz, entre outras coisas, que o Orixá Ori é o único capaz de nos levar ao infinito... Ou seja, nossa mônada ou centelha divina nunca nos abandonará, mesmo que fiquemos num estado de dormência consciencial fruto de nossos próprios atos insanos. Há que se esclarecer que os itans não devem ser lidos nem interpretados de forma cega e literal, mas sim refletidos sob uma perspectiva metafórica. Essas "parábolas" são simbólicas e as reinterpretamos dentro do contexto de época atual, num dinamismo de vivência umbandista no Brasil e com fundamentos deixados pelo Caboclo das Sete Encruzilhadas. Em contrário, ficamos "presos" no passado, petrificados na tradição dogmática e nos mitos sem sentido. A Umbanda é uma unidade aberta em construção, dinâmica e não estática no tempo.

É oportuno registrarmos que, na longa jornada evolutiva, até chegarmos a animar o corpo físico humano atual, a gradação biogenética permitiu que nossos espíritos adquirissem meios de manifestação tangíveis da inteligência; o cérebro e a caixa craniana – enfim, a cabeça – são aspectos objetivos e fisiológicos para a expressão da mente, ente extrafísico, atemporal, imortal e imaterial, ao contrário de como a percebemos no plano concreto. A mente é o veículo de manifestação de nosso Ori que está relacionado com a glândula pineal, no meio de nossa cabeça, no sentido energético vibracional mais intenso. Por isso, é considerado o centro orgânico da mediunidade e, assim, cultuamos a cabeça – Ori – na Umbanda. O rito mais conhecido de culto a Ori é o amaci, lavagem da cabeça com o sumo decorrente da maceração de folhas verdes, que abordaremos mais adiante.

No entorno do Ori, enfeixado no campo eletromagnético que se forma envolvendo a glândula pineal, temos a influência dos Orixás que estruturam nosso eledá a cada encarnação. Não confundamos eledá, que é diferente a cada nova vida na carne, com Orixá ancestral, que é o mesmo sempre e nunca se altera. Poucas entidades espirituais, raríssimos sacerdotes, conseguem diagnosticar qual o Orixá ancestral de cada criatura. Basicamente, o Orixá de frente ("dono" da cabeça) e o Orixá adjunto, literalmente na frente e atrás da cabeça, nos irradiam se equilibrando mutuamente.

Temos que entender que a maior parte da mente é inconsciente e que, antes de reencarnar, nosso Ori foi sensibilizado com "frequência" primordial dos Orixás – em conformidade com o manuseio dos técnicos astrais, mestres cármicos ou babá eguns, ancestrais ilustres – que necessitamos trabalhar na presente vida carnal, para o nosso próprio melhoramento íntimo, de acordo com o plano de provas que temos que vivenciar. A cada vez que reencarnamos, altera-se a influência dessas energias primordiais, que podemos didaticamente dizer que são "matérias primevas" formadoras do núcleo intrínseco do espírito – ipori. Em verdade, temos que atingir um estágio de consciência e de evolução em que vibremos em uníssono com todos os Orixás, assim como Jesus, que se fazia unidade com o Pai.

É por intermédio do inconsciente profundo e do subconsciente que somos influenciados pelo nosso Ori e daí pelos Orixás componentes do eledá – "massa" energética divina –, que é "moldável" a cada vez que retornamos à carne, nos auxiliando a evoluir. Assim, quando cultuamos Ori – amaci ou lavagem da cabeça com o sumo macerado de folhas –, em ritos e liturgias propiciatórias, fortalecemos os arquétipos (componentes psicológicos) associados a cada Orixá do nosso eledá. Cultuando nosso Ori, interiorizamos nossas aptidões divinas e minimizamos os pontos fracos, rompendo recalques, traumas, máscaras e couraças do ego, que precisamos superar.

Logo, os Orixás de frente e adjunto (ainda não nos referimos aos falangeiros, que são espíritos) influenciam-nos através do inconsciente, num processo de "comunicação" subjetiva ou mensagens subliminares que afluem em trânsito para a zona da consciência e, assim, se impulsionam para a memória perene. Entendemos que as funções do cérebro consequentes da atividade da mente são resultantes de uma ação indivisível, holística, na qual o sistema nervoso central funciona como um todo, garantindo a integridade do organismo. Dessa forma, concluímos que é o método de registro de estímulos que afluem do inconsciente para o consciente, onde a mente é o motor que estimula as conexões cerebrais, indo buscar muitos significados na sede da memória atemporal. O sistema de memória humano depende de uma área de armazenamento, uma central de registros em termos de comportamento, cognição e emoção, que, por sua vez, "automatiza" o nosso modo de ser. A percepção e a consciência muitas vezes dependem de "relembrar" pela evocação das experiências vivenciadas e significativas, uma decorrência das informações arquivadas no subconsciente profundo que são reativadas através dos rituais de dramatização de mitos simbólicos e arquétipos, como o são as rito-liturgias de Umbanda, como é o amaci, que faz com que "memorizemos" novamente nosso dons e aptidões divinas, automatizando-os em nosso psiquismo periférico tanto mais repitamos o rito propiciatório, que impacta em nós conscientemente aqui e agora. Assim, os Orixás estabelecem em nós um modo de ser e o fazem juntamente com o grande comunicador que abre e fecha os caminhos em nossas encruzilhadas psíquicas internas (inconsciente x consciente), Exu, igualmente aspecto divino e princípio dinâmico de individualização.

Podemos concluir que o amaci é o principal rito de fundamento de culto a Ori na Umbanda, mesmo que muitos terreiros assim não o percebam, tendo ângulos de interpretação diferentes, mas não desiguais em essência uns em relação aos outros. O amaci favorece nossa identidade cósmica, fortalece nosso plano de vida, robustece nosso tônus mediúnico, melhorando a comunicação do nosso eledá com os guias e falangeiros que nos assistem, vitalizando nossos dons internos – "vós sois deuses" – e, a partir daí, de dentro para fora, a sintonia fica mais límpida com os espíritos que atuam enfeixados nas irradiações dos Orixás e compõem o que chamamos de coroa mediúnica. Podemos afirmar, como se fossem camadas justapostas, que é primário e central o culto a Ori, secundário e subcentral o fortalecimento do eledá e terciário e periférico a sintonia fina com os falangeiros e ancestrais ilustres, nossos guias que nos assistem nas tarefas por dentro do mediunismo de terreiro. Essa classificação, meramente didática, não faz um mais importante em detrimento do outro, pois estão inexoravelmente ligados como elos de uma mesma corrente vibracional, influxos de um mesmo magnetismo divino.

Finalizando este capítulo, vamos fazer algumas anotações pontuais sobre o culto a Ori na Umbanda:

* Ori é a essência do indivíduo, é único e incomparável. Por isso, cada preceito deve ser específico e não existe esta de se utilizarem os mesmos elementos para todos os médiuns quando tratamos de ritos de consagrações ou firmezas individuais;

* Ori é a verdadeira sede imaterial da consciência que se expressa por impulso da mente. No seu núcleo central (ipori) temos o inconsciente profundo e todos os registros causais de vidas passadas, desde o momento que fomos criados e nos soltamos da massa primordial divina, como se fosse uma "caixa-preta" de avião;

* Nossa cabeça física recebe o macerado de folhas – sumo – no amaci, que é potencializado etericamente no ritual dramatizado através de cânticos, ladainhas e palavras de imprecações magísticas, que são atos propiciatórios para os espíritos guias manipularem adequadamente o axé vegetal – prana verde. Todavia, nossa cabeça física é o receptáculo deste rito iniciático, mas o Ori, enquanto matriz etéreo-astral da consciência, é quem o "recebe", ou seja, os fluidos mais sutis oriundos de todo o ritual do amaci;

* O núcleo intrínseco do Ori (ipori), que é o fulcro central vibratório do espírito, simbolicamente foi modelado de uma massa cósmica primordial, que se soltou de um Todo Criado Eterno que é Deus, como um sopro divino num braseiro que faz desgarrar-se uma chispa;

* Nosso potencial divino imanente é sempre direcionado para o bem e para o amor. Ações que contrariem isso nos afastam, "atrasando" a evolução e, por vezes, causando efeitos que entendemos como sofrimento. A ética e a moral cósmica foram depositadas em nós

como uma chama, que pode se tornar "invisível" se nos macularmos como um lampião cheio de fuligens; é símile à massa primordial geradora, assim como uma gota do oceano contém os seus princípios minerais, mas difere-se do mesmo.

O conceito de amor e bondade, de caráter benevolente e moral, surge, ou deveria surgir, conforme vamos nos espiritualizando e fortalecendo nosso Ori à luz da educação da consciência sob as leis do Cosmo. Temos o livre-arbítrio, que é muito mais amplo do que o mero poder de escolha e nos acompanha como "procuração", com amplos poderes de semeadura, sendo a colheita obrigatória. Desde que adquirimos o primeiro lapso de consciência, adquirimos o direito de uso do livre-arbítrio, que, infelizmente, pelo nosso primarismo egoico, pode nos aprisionar em nós mesmos. O que estamos querendo dizer é que nem sempre o livre-arbítrio nos conduz a termos um bom caráter, o que, por vezes, "arruína" o nosso destino em uma encarnação, nos enredando na teia cármica retificativa que nos coloca no prumo forçosamente, doa a quem doer, pois não existem privilegiados para Deus. Todas as nossas ações, norteadas pelo livre-arbítrio, ocasionam consequência em nosso destino, que é costurado a cada segundo de nossa existência, sem determinismo rígido, pois somos frutos de nossas próprias opções.

Claro está que o nosso direito de ação vai até onde não afetemos o direito do outro. O culto a Ori na Umbanda deve nortear-se por um processo profundo de autoconhecimento psicológico, onde cada um procura descobrir em si suas potencialidades divinas "adormecidas", para que nos tornemos melhores cidadãos, homens e mulheres de bom caráter, espíritos amorosos e conscientes das leis divinas. Infelizmente, muitos médiuns e sacerdotes buscam na fé dos outros e na confiança que depositam neles, como condutores de almas, o mero ganho financeiro, riquezas, reconhecimento, elogios e pompas, criando em torno de suas comunidades-terreiros um verdadeiro escambo espiritual que nada tem a ver com o sagrado.

Esquecemos com facilidade que não podemos adquirir aquilo que não está em nosso destino ou programa de vida, se não tivermos merecimento. Nenhum ser é igual a outro e ninguém pode nos dar aquilo que não é de nosso direito. Nenhuma divindade, santo, Orixá, guia, pastor, mago, feiticeiro... nos dará milagrosamente aquilo que nosso Ori não precisar em conformidade à justiça cósmica e ao destino traçado aos pés do Criador, ao qual pedimos e aceitamos de joelho. Nosso próprio Ori não permitirá e, acima dele, só Deus – Oludumare.

Fizemos todas essas digressões sobre Ori fundamentalmente para demonstrar que a nossa divindade interna – somos pequenos "deuses" –, em seus aspectos metafísicos, nosso Orixá de dentro, precisa fazer par com Exu para se manifestar, se concretizar no plano vibratório que se propõe "existir". Assim como temos Ori, temos Obara, Exu individual, vibração intrínseca que nos acompanha, pois o que está em cima é igual ao que está em baixo. Nosso Exu individual, Obara, permite a aglutinação molecular que forma nossos órgãos e corpo físico e nos conduz, dando-nos vitalidade para que consigamos dar os passos em nossos caminhos, seguir nosso programa de vida para a presente encarnação.

Enfim, Exu é o executor de nossos destinos individuais; do que os hinduístas entendem por queimar carma, inferimos que Exu é o combustível, botando lenha na fogueira da existência humana. Não por acaso, há um epíteto de Exu – ina – que significa fogo. Talvez isso tenha também contribuído para associá-lo ao Inferno, quando os primeiros clérigos e crentes se depararam com os cultos de louvor a esta divindade nagô realizados com fogueiras, o que é comum na Umbanda; ritos de queima, ponto de fogo e a chamada fundanga – explosão da pólvora para deslocamento de cargas energéticas densas.

Como afirmamos, todos os seres vivos, do orum ao aiye, do imanifesto ao manifesto, do imaterial ao material, indistintamente todas as porções – partes – que se soltaram da totalidade cósmica, espíritos criados, só podem existir pelo fato de possuírem em si a vibração de Exu, que, por sua vez, é um aspecto imanente do próprio Deus – Oludumare.

Então, Exu, como princípio da vida individual humana, seu elemento catalisador e dinâmico, é conhecido como:

Obara ou bará = oba + ara – senhor do corpo.

Muitos internautas, novos pesquisadores, adeptos, leitores, recebem a informação equivocada de que Exu Obara é gerador de prosperidade, riqueza, dinheiro etc. Os olhos brilham de felicidade, a vaidade aflora, a dor desaparece, é como se o remédio para todos os males estivesse pronto para ser ministrado. Um grande equívoco, pois Exu nos fará cumprir nosso programa de vida e, guardadas as variações possíveis, eis que não existe determinismo fixo, nosso Exu individual está em nós, é o executor de nosso destino. Assim, quando almejarmos prosperidade financeira, teremos atrelado a isso as mudanças requeridas para conquistá-la, o que não dispensa o trabalho honesto, seja ele qual for. Obara nos empurra na direção das mudanças interiores, para nos livrarmos dos maus hábitos, da mentira, da ignorância, da falta de caráter e educação para com os mais velhos e semelhantes, para a retirada da imposição de atitude, quando nos achamos os donos da verdade e ninguém é capaz de nos convencer do contrário.

Inevitavelmente, obara se liga ao Ori, Ori fala de caráter, caráter fala de comportamento, comportamento está ligado a cumprirmos nosso destino, e viver uma existência inexoravelmente se relaciona com alegria ou sofrimentos. Estamos em uma colcha de retalhos, tudo e todos estão interligados. Somos consequências de nós mesmos e vivemos em sincronicidade com tudo que nos cerca.

O equilíbrio das forças no interior de cada indivíduo, o alinhamento do Ori Inu (Eu interior) com seu Ori (destino) e o Ìpòrì (Eu superior ou núcleo intrínseco do espírito) leva a riqueza e prosperidade espiritual, abundância, mas não no sentido material desses conceitos. O princípio central da ética de Ifá é a necessidade de estabelecermos uma boa relação com o mundo que habitamos. A lei de reencarnação impõe-nos retornar tantas vezes quanto for necessário para desenvolvermos o bom caráter, independente de religiões terrenas.

Para percorrermos caminhos honrados em uma vida carnal, devemos desenvolver atributos específicos do bom caráter e do comportamento ético. Isso implica em responsabilidade pessoal, natureza gentil e disposição para a humildade. Porém, além disso, é preciso equilibrar as forças internas. O objetivo de uma encarnação é equilibrar nossa consciência com as leis cósmicas.

Devemos observar que o nosso Exu individual está intrinsecamente ligado ao nosso destino, ele é o nosso oráculo pessoal. A voz de nossa consciência – Ori – só se expressa em nossos pensamentos através de insights intuitivos pela sua ação, que faz o "trânsito" do subconsciente profundo até as zonas conscienciais que tangenciam os estados de vigília. Muitas vezes, traz à tona resíduos cármicos que temos que transmutar, como formas de ressonâncias vibratórias de vidas passadas. Por isso, Exu Obara é o patrono dos caminhos internos, podendo abri-los ou fechá-los de acordo com o contexto e as circunstâncias evolutivas que precisamos vivenciar aqui e agora. Assim, se não tivéssemos sua ação, poderíamos ter até um corpo físico, mas não haveria expressão da consciência, como se fôssemos um mero amontoado de carne vivendo no automatismo orgânico. Enfim, nosso Exu pessoal controla a entrada e saída de toda a circulação do subconsciente profundo até o consciente, cumprindo o papel de "centro de comunicações", executando e regulando o trânsito de "estímulos", percepções ou "inputs" sensoriais, exercendo sua função cósmica de princípio de reparação, fazendo-nos auferir tudo que é de nosso merecimento e, ao mesmo tempo, impondo-nos que restituamos tudo que negligenciamos perante as leis cósmicas, doa a quem doer, na saúde e na enfermidade, na alegria e na tristeza, no sofrimento e na felicidade, Exu Obara sempre estará conosco, sendo reflexo de nós mesmos perante o Criador.

CAPÍTULO 12

Coroa mediúnica
Orixás regentes e Obara
(Exu do corpo), guias e falangeiros

Talvez nos tornemos um tanto repetitivos nos conceitos, mas é necessário para a fixação dos mesmos à nossa compreensão. O Grupo de Umbanda Triângulo da Fraternidade, terreiro fundado e dirigido pelo autor, segue a doutrina da Sabedoria de Ifá, dos antigos Babalaôs da religião aborígene iorubana, conforme orientação do tutor espiritual Ramatís e de Caboclo Pery, Guia Chefe do congá. A disciplina e a ética que Ifá ensina desenvolveram-se em torno do objetivo principal que é potencializar o aprimoramento do caráter humano. Ifá instrui que este é um caminho a ser percorrido para garantir ao homem estabilidade emocional/espiritual e por isso voltamos ao orum – Terra – reencarnando. Dentro deste importante contexto doutrinário e teológico, vários ensinamentos e técnicas foram inseridos no culto de Umbanda que vivenciamos a fim de garantir o suporte necessário aos trabalhos mediúnicos, reinterpretando-se elementos de ritos que contrariariam as normativas deixadas pelo Caboclo das Sete Encruzilhadas quando da fundação da Umbanda.

É fato conhecido de todos nós que insistentemente somos alvejados por situações que colocam em prova nossa real situação, ou seja, nosso caráter é testado continuamente. Essas ocorrências causam diversas alterações em nossas emoções, gerando reações muitas vezes agressivas ou impensadas, afetando diretamente o resultado do progresso material e espiritual, consequências de nossa ainda imaturidade anímico-consciencial.

Ifá ensina que todos os tipos de desperdício devem ser combatidos. Isso se aplica também aos sentimentos, pois o excesso deles é considerado perda de energia. Dentro desse contexto, precisamos então utilizar os mecanismos e ensinamentos, preceitos e consagrações, para nos fortalecermos dessas intempéries.

Os Orixás foram criados pela Divindade Maior que é Deus – Oludumare – com vários objetivos, porém o mais importante deles é "proteger" e apoiar as nossas existências manifestadas na vida terrena, tanto no que diz respeito aos processos biológicos e naturais orgânicos que nos sustentam no corpo físico, quanto no contexto do desenvolvimento do psiquismo humano e almejado avanço espiritual.

Infelizmente, esse conceito é muito confundido no meio religioso popular da Umbanda, que tem uma forte cultura em que tudo é demanda – inimigos externos –, onde a responsabilidade pelo progresso ou não dos indivíduos é ainda depositada totalmente nos espíritos falangeiros dos Orixás, ou seja, se a vida está dando certo é porque determinada entidade assim o fez ou, ao contrário, se a vida está complicada é porque estamos recebendo algum tipo de castigo demandado de algum desafeto e nossos guias não estão conseguindo "segurar" a carga negativa enviada. São equivocados esses conceitos e não faz parte das atribuições dos Orixás e de seus falangeiros controlar os homens como crianças no jardim de infância, mesmo porque eles não têm autoridade de interferir no livre-arbítrio e na relação de causa e efeito que nossos atos e atitudes impensadas geram, dados a nós por Deus. Sendo assim, não é correto responsabilizarmos outros, muito menos espíritos, ainda mais pelos nossos sucessos ou fracassos. Essa atribuição é exclusiva do Ori – nosso eu interno.

Assim, tudo que ocorre em nossas vidas é fruto exclusivo de nossas ações e decisões. Então, bastaria seguir uma disciplina filosófica ou religião, como o budismo, por exemplo, para que o caráter humano se alinhasse e todos os problemas fossem resolvidos. Por que, então, cultuar os Orixás? Para que somos médiuns? Aqui, entram em ação as habilidades, os atributos divinos ou domínios sagrados que cada Orixá e falangeiros que atuam sob suas irradiações detêm.

Como sabemos, cada Orixá é um aspecto divino que tem ligações com as forças da natureza, atuando sobre áreas específicas arquetípicas com profundo impacto na consciência coletiva e no psiquismo individual inerentes à vida humana. Exemplificando, Oxum é a protetora da gestação, "cuidando", amparando e controlando os órgãos e processos biológicos que estão envolvidos nesta questão. Por isso, esse Orixá, através de seus falangeiros, possui ferramentas para intervir a favor de uma pessoa que esteja passando por alguma dificuldade relacionada com a gestação, se for do seu merecimento. Recorrer a Oxum nessas situações é uma prática comum na Umbanda. Esse conceito possui um ensinamento mais profundo que deve ser analisado em contrapartida com o conceito de Ori – nosso eu interno: tudo que ocorre em nossas vidas é de nossa responsabilidade (subconsciente e consciente), portanto, se uma pessoa está com problemas na gestação, por que seu próprio Ori não resolve isso? Justamente porque as responsabilidades assumidas na mediunidade com os falangeiros contemplam que, durante a encarnação, continuaremos "enfermos" da alma e auxiliados pelos amigos espirituais, se tivermos merecimento, obviamente. A persistência e a continuidade na tarefa caritativa nos dão o direito de recebermos ajuda, principalmente quando nos entregamos sem interesses pessoais em prol do coletivo. Por isso, nós precisamos do apoio dos Orixás e de seus falangeiros para a solução de assuntos que não estão englobados unicamente no conceito de Ori. Vale ressaltar que, mesmo sendo médiuns e intercambiando com os espíritos, nada pode ser mudado ou melhorado se nosso Ori – divindade interna – e seu livre-arbítrio não permitirem. Ou seja, não existirão milagres, assim como os rios não sobem as montanhas.

Na perspectiva teológica doutrinária com que seguimos os Orixás, como aspectos divinos diferenciados do grande indiferenciado que é Deus, eis que o Criador não se manifesta diretamente – por isso são importantes no apoio da vida humana. Quando falamos "humanos", entenda-se também que somos espíritos antes de ocuparmos uma matéria física, em todo o espectro de assuntos que estamos envolvidos corriqueiramente em nossas existências. Os Orixás podem dar suporte espiritual no desenvolvimento diário de nossas atividades, apoiam no desenvolvimento do caráter através de seus arquétipos que estão profundamente arraigados no inconsciente coletivo e, com isso, proporcionam a transformação anímica consciencial que tanto buscamos.

Ignorar tão profunda influência na Umbanda é um desperdício, quando não mero preconceito contra as nossas raízes africanas. Enfim, nossa coroa mediúnica é fortalecida pelo culto aos Orixás e auxilia na proteção contra os eventos externos que podem criar desequilíbrios internos graves na jornada existencial, atrasando ou levando ao fracasso total do objetivo galgado por nós antes do reencarne, todavia sem nos dispensar do esforço pessoal e da mudança interior e, consequentemente, do melhoramento do nosso caráter.

Combinar transformação de caráter com práticas religiosas sadias e manter a ligação com os Orixás e falangeiros é uma fórmula confiável para garantir as bênçãos de saúde, relacionamento, descendência ancestral, prosperidade, abundância e vida longa no sentido espiritual.

Diz uma historieta integrante da rica e vasta mitologia iorubana que, na fabricação dos homens, não bastou o sopro da vida de Olurum (Deus) para infundir-lhes vida. Corpo e alma não eram suficientes, era preciso infundir uma personalidade em cada ser humano. Assim, foi chamado um velho oleiro para fabricar as cabeças de argila (duplo no Plano Espiritual) capazes de darem aos homens a individualidade de caracterizá-los diferentes uns dos outros por toda a sua existência. Ocorre que Ajalá, o oleiro, era meio distraído e um tanto cansado, o que fez com que as misturas e os moldes, bem como o tempo de cozimento, não saíssem perfeitamente iguais, sendo que algumas cabeças ficaram com defeito.

Assim se explica a diversidade de carismas humanos, os temperamentos e predisposições diferentes de cada indivíduo, decorrentes da sua cabeça, Ori ou subconsciente profundo. Poderíamos denominar de "cérebro" anímico, de núcleo vibratório propulsor intrínseco do espírito, que tece o seu destino em cada reencarnação, o seu programa de vida humano, aquilo que tem que trabalhar e se melhorar para robustecer um bom caráter numa vida terrena, por sua vez auferindo contínuo retorno dentro das reencarnações sucessivas atreladas à lei universal de causa e efeito.

Obviamente que cada cabeça sendo única, cada consciência sendo incomparável com outra, cada espírito tendo uma história pregressa causadora de efeitos presentes e, pelo que fizermos hoje, impactos futuros. Claro está que cada um de nós terá influência dos Orixás sobre nossas "cabeças", com especificidades individuais, em maior ou menor grau, dependendo dos atributos psicológicos que temos que trabalhar, minimizando uns e fortalecendo outros, aos quais, por sua vez, estão irremediavelmente atrelados às irradiações divinas que entendemos como Aspectos do Criador, os sagrados Orixás.

Na Umbanda, o principal e mais conhecido culto ao Ori (cabeça) se chama Amaci, que é um nome de origem nagô. É o ritual de lavagem das cabeças com folhas maceradas, objetivando o fortalecimento do tônus mediúnico. Podemos ter amacis e preceitos específicos, em conformidade ao Eledá – acomodação das vibrações dos Orixás no médium. Isso requer que o dirigente tenha habilidade de "rastrear" e "mapear" adequadamente essas forças que interagem e influenciam o Ori. Tarefa que não é fácil, muito séria e de profunda responsabilidade. Vamos por partes...

Existe um provérbio que diz "os inimigos não querem que você sobreviva, mas o seu Ori trabalha para você". Ou seja, o nosso eu profundo, que pulsa de nosso inconsciente milenar, é resistente às intempéries de uma encarnação, pois ele é anterior ao atual corpo físico e personalidade transitória, e continuará existindo após a morte física. Continuamente estamos encontrando recursos internos, a propalada força interior, para nos adequarmos e nos ajustarmos às condições enfrentadas na vida, tanto para o fortalecimento de nossas reservas de energias psíquicas, quanto para a necessidade de integração com fontes de reposição de nossa vitalidade, nosso élan ou magnetismo pessoal. É o nosso Ori que nos individualiza e o corpo físico é só uma "casca" ilusória que encobre o "recheio", nosso espírito imortal.

Podemos afirmar que esta essência real de cada ser, individualizada em cada encarnação "aprisionada" numa roupagem ilusória ou personagem de uma vida, conhece nossas necessidades evolutivas e os "passos" que temos que dar nos caminhos e encruzilhadas que se apresentarão. E nos acertos e desacertos, apresenta os indicadores que permitem a reorganização de nossos sistemas pessoais, energéticos, mentais, psíquicos e emocionais, bastando, para isso, que saibamos lê-los, ou que tenhamos um "olhador" que o faça junto conosco. Este "olhador" pode ser o dirigente espiritual do terreiro de Umbanda, que deve ter a destreza de manejo no merindilogun – o jogo de búzios –, embasado nos Signos da Sabedoria de Ifá.

Como falamos anteriormente, repetimo-nos propositalmente para fixarmos os conceitos. A Sabedoria de Ifá é oriunda das Religiões tradicionais africanas, ligado a Orunmilá da religião iorubana. Com a vinda dessas culturas para o Brasil, nos períodos do tráfico negreiro, alguns sacerdotes (chamados babalaô no idioma Iorubá) foram trazidos. Essa tradição, que se manteve viva nas religiões afro-brasileiras e na atualidade da Umbanda, paulatinamente vem se expandido. Notadamente a Umbanda Esotérica deu um grande impulso para a sedimentação da tradição dos Babalaôs e da Sabedoria de Ifá no meio umbandista.

O Culto a Ori dentro do sistema ético de Ifá, que preconiza um bom caráter para um bom destino, é um profundo sistema sagrado divinatório, empregado na África e nos países para onde foi disseminado para decisões de cunho religioso, espiritual ou social. No Brasil, a forma mais conhecida é o MERINDILOGUN, o popular jogo de búzios. Neste sentido, sobre a Umbanda e os conhecimentos e tradições dos antigos Pais de Segredo, os Babalaôs, nos esclarece Ramatís (In *A Missão do Espiritismo*, capítulo sobre a Umbanda. 1ª edição, 1961. Editora Freitas Bastos):

"Umbanda não é Espiritismo, e, por isso, não pode prescindir da imagem de Oxalá e dos principais 'santos' representativos dos Orixás da tradição africana. Os africanos, de onde a doutrina de Umbanda trouxe fundamentos, cultuavam os 'senhores da Natureza' na forma de Orixás menores e maiores, de acordo com o seu poder e responsabilidade junto aos homens.

Conforme o programa elaborado pela Administração Sideral há muitos milênios, cada coisa é substituída ou modificada no devido tempo do seu progresso natural, ou desuso comum. Assim, à medida que desaparecem dos terreiros os velhos Babalaôs (Pais de Segredo), se debilita a arte da magia africana pelo enfraquecimento do ritual de tradição. Obviamente, se a Umbanda tivesse sido corporificada pelo Alto com a finalidade exclusiva de combater a magia negativa, ela também deixaria de existir, assim que fosse extinta a bruxaria. No entanto, ela é de finalidade mais ampla, atendendo as diversas modalidades de ascensão e esclarecimento espiritual dos seus adeptos, devendo restabelecer gradativamente esta sabedoria milenar, dos antigos e velhos Pais de Segredo".

Sobre os métodos divinatórios utilizados: o Babalaô (pai que possui o segredo) é o sacerdote do Culto de Ifá. Ele é o responsável pelos rituais e iniciações, todos no culto dependem de sua orientação e nada pode escapar de seu controle. Por garantia, ele dispõe de três métodos diferentes de consultar o Oráculo e, por intermédio deles, interpretar os desejos e determinações dos Orixás: Òpelè-Ifá, Jogo de Ikins e Opon-Ifá, tábua sagrada feita de madeira e esculpida em diversos formatos (redonda, retangular, quadrada, oval), utilizada para marcar os signos dos Odús (obtidos com o Jogo de Ikins) sobre um pó chamado Ierosum. Método divinatório do Culto de Ifá utilizado pelos babalaôs. Irofá é instrumento utilizado pelo babalaô durante o jogo de Ikin, com o qual bate na tábua Opon-Ifá com a finalidade de chamar a atenção de Odu para si, entre outros.

O Òpelè-Ifá, ou Rosário de Ifá, é um colar aberto composto de um fio trançado de palha-da-costa ou fio de algodão, que tem pendentes oito metades de fava de opele; é um instrumento divinatório dos tradicionais sacerdotes de Ifá. Existem outros modelos mais modernos de Òpèle-Ifá, feitos com correntes de metal intercaladas com vários tipos de sementes, moedas ou pedras semipreciosas. O jogo de Òpèle-Ifá é o mais praticado, por ser a forma mais rápida, pois a pessoa não necessita perguntar em voz alta, o que permite o resguardo de sua privacidade; também de uso exclusivo dos Babalaôs, com um único lançamento do rosário divinatório aparecem duas figuras que possuem um lado côncavo e outro convexo, e que, combinadas, formam o Odú.

O Jogo de Ikin é utilizado em cerimônias relevantes de forma obrigatória, mas também pode ser usual, vai de cada Babalaô o seu uso, devendo, porém, ser restrito e exclusivo aos mesmos. O jogo compõe-se de 16 nozes de um tipo especial de dendezeiro Ikin, que são manipuladas pelo babalaô com a finalidade de se configurar o signo do Odú a ser interpretado e transmitido ao consulente. São colocadas na palma da mão esquerda, e com a mão direita rapidamente o babalaô tenta retirá-las de uma vez com um tapa na mão esquerda, com o intuito de obter um número par ou ímpar de ikins. Caso não sobre nenhum ikin na mão esquerda, a jogada é nula e deve ser repetida. Ao restar um número par ou ímpar de ikins em sua mão, se farão dois traços ou apenas um da composição do signo do Odú que será revelado polo sistema oracular. A determinação do Odú é a quantidade de ikins que sobrar na mão esquerda. O mesmo será transcrito para o Opon-Ifá sobre o pó do Iyerossún que deve ser riscado sobre o Iyerossún que está espalhado no Opon-Ifá: para um risco, usa-se o dedo médio da mão direita; e para dois riscos, o anular e o médio da mão direita. A operação deverá ser repetida quantas vezes for necessário até se obterem duas colunas paralelas riscadas da direita para a esquerda com quatro sinais, formando a configuração do signo do Odú.

O oráculo consiste em um grupo de cocos de dendezeiro ou búzios, ou réplicas destes, que são lançados para criar dados binários, dependendo se caírem com a face para cima ou para baixo. Os cocos são manipulados entre as mãos do adivinho, e no final são contados, para determinar aleatoriamente se uma certa quantidade deles foi retida. As conchas ou as réplicas são frequentemente atadas em uma corrente divinatória, quatro de cada lado. Quatro caídas ou búzios fazem um dos dezesseis padrões básicos (um Odú, na língua Iorubá); dois de cada um desses se combinam para criar um conjunto total de 256 Odús. Cada um desses Odús é associado a um repertório tradicional de versos (Itan), frequentemente relacionados à Mitologia Iorubá, que explica seu significado divinatório.

O sistema é consagrado ao Orixá Orunmila-Ifá, Orixá da profecia, e a Exu, que, como mensageiro dos Orixás, confere autoridade ao oráculo. O primeiro umbandista a escrever sobre Ifá no Brasil foi o sacerdote W.W. da Matta e Silva, conhecido como Mestre Yapacani, que já descrevia, em 1956, um dos inúmeros sistemas de Ifá em suas obras. Posteriormente, Roger Feraudy, Babalaô (Pai de Segredo) de fato e de direito, também escreveu sobre os sistemas divinatórios em suas obras. Aliás, foi de Pai Roger que Norberto Peixoto, autor desta obra, recebeu as ordens e direitos de trabalho para jogar búzios, em rito de passagem da "mão de Ifá", oportunidade que recebeu a peneira, os cauris africanos e demais apetrechos rituais.

Após os esclarecimentos sobre os métodos divinatórios, voltamos ao culto a Ori, que objetiva nos conduzir a um processo interno de autoconhecimento, profundo e modificador, nos auxiliando para que sejamos felizes aqui e agora, nos libertemos de culpas e recalques do passado para que não temamos o futuro. Temos muitos bloqueios quanto à abundância e prosperidade e, por vezes, estamos desconectados da fonte universal, amorosa e provedora. Por exemplo, até os dias atuais, temos marcado em nosso inconsciente coletivo que rico não entra no céu. Esta passagem do Sermão da Montanha, talvez o mais sublime discurso de Jesus, inspirado com a Consciência Crística, foi usada numa maquiavélica arquitetura psicológica pelo clero eclesiástico para criar o VOTO DE POBREZA, em que os fiéis davam tudo para a Igreja, muitos no leito de morte.

Foi assim que a hierarquia sacerdotal estabelecida em Roma ficou tão rica ao longo da história, e ao mesmo tempo tão pobre de espírito. O sentido esotérico profundo do ser pobre de espírito significa o desapego sincero, natural, das coisas do mundo, do materialismo, da ostentação, do senso de superioridade de casta ou religioso, a simplicidade desinteressada, estes são os atributos dos pobres de espírito. Muitos de nós, em situações de progresso, de abundância em nossas vidas, por vezes refletindo em ganho financeiro, nos sentimos culpados, como se não tivéssemos direito, pois ainda latejam em nossos subconscientes séculos e séculos de uma teologia distorcida, pois, em si, a riqueza na Terra é neutra, e o que vale é o bom caráter e o desapego. Obviamente, é mais valoroso, para a felicidade do homem, ser pobre de espírito, no sentido mundano, e rico de qualidades morais.

Por outro lado, existem os pobres mundanos, que também são espíritos pobres, pois não adquiriram para si valores que os conduzam a ter um bom caráter e respeito ao próximo; assim como podem existir ricos de posse de bens do mundo espiritualizados, caridosos e altruístas, verdadeiros homens de bem e, paradoxalmente, pobres de espírito, como prega o Sermão da Montanha.

Esta teologia distorcida respinga até os dias atuais na formação do pensamento religioso oriundo das doutrinas judaico-cristãs, formando cidadãos infantis e inseguros quanto ao progresso, abundância e prosperidade em suas vidas, tanto em nível material como espiritual, pelo receio de falharem agora, ressonância inconsciente cristalizada do medo das penas futuras. E, obviamente, isso tem eco dentro da Umbanda, especialmente nos terreiros mais influenciados pelos valores do catolicismo.

Mas, afinal, perguntamos mais uma vez, o que é Ori?

Podemos afirmar que Ori é a partícula imortal, divina, de cada um de nós. Tem sua contrapartida ou morada física no meio de nossas cabeças, no entorno da glândula pineal, podendo também ser entendido como a mente extrafísica em toda a sua potencialidade, tendo em seu núcleo central, se assim podemos inferir numa linguagem tosca para algo um tanto complexo e metafísico, a mônada ou centelha divina. Então, Ori pode ser entendido como o "nosso" Orixá pessoal; na verdade, ele é o Eu Sou, ou seja, nós mesmos, só que na sua essência luminosa, refulgente, pura, semelhante a Olurum.

Numa tentativa de entendimento mais abrangente, nosso Ori é formado de elementos, como se fosse uma matriz energética, no momento em que Deus nos criou. A cada encarnação é modelado um corpo físico, que nada mais é do que esta matriz energética envolta no Corpo Astral – perispírito – particularizada no processo reencarnatório. Esta matriz energética é única, nunca morrerá, e um dia chegará em que o Corpo Astral "morrerá", o que os ocultistas chamam de segunda morte; a partir de então, habitaremos planos vibratórios muito próximos e semelhantes à essência divina – sopro criador – que anima nossa mônada, centelha ou Ori.

Assim como não existe uma estrela igual a outra no Universo, esta combinação da "química" cósmica que nos liga a um corpo físico, nossa estrutura metafísica entendida como Ori – mental subconsciente imortal –, definirá como reagiremos e nos comportaremos com o mundo físico, sobrenatural, religioso, psicológico e mediúnico, com sérios impactos em nosso equilíbrio psicobiofísico, na medida em que determina o nosso ELEDÁ, ou seja, o conjunto específico de irradiações vibratórias que formam nosso Ori, particularizado numa encarnação, que tem influências centrífugas, de dentro para fora, de nós para com o meio e para com os outros, e centrípetas, do meio e dos outros para conosco.

Os conceitos até aqui expostos estão intimamente ligados ao destino pessoal e à sua instrumentalização para sua realização, o que o meio espiritualista entende como programa de vida ou planejamento encarnatório. Quando falamos em destino, não significa determinismo, mas que existe um núcleo "duro" imutável e uma periferia "mole", que os nossos atos, dentro da relação de causa e efeito e exercício do livre-arbítrio, podem estar constantemente alterando para melhor ou para pior, ocasionando caminhos abertos ou fechados, bem-estar alegria e saúde, ou infortúnio, tristeza e doenças.

Assim, podemos perceber o papel de Ori em nossas vidas, relacionado em larga escala aos nossos destinos pessoais. Os sucessos e insucessos e todo o plano de provas que teremos que passar, onde encarnaremos, em que raça, quem serão nossos pais e irmãos e primos, qual será nossa condição social, econômica etc., recebemos o roteiro no momento em que tivermos que voltar para a Terra e ocupar um corpo de carne, conscientemente ou não. Obviamente que parte do que vivenciaremos foi escolha nossa e opção aceita pelo nosso livre-arbítrio, outras são colheitas obrigatórias da semeadura livre a que temos direito e realizamos no passado, tudo testemunhado pelos mestres cármicos (Babá Eguns) do lado de lá, que nos assistem, e devidamente anotado em nossas fichas cármicas e arquivado nos tribunais divinos.

Claro está que existe uma margem flexível na qual podemos transitar em vida terrena e outras "duras", que não poderemos alterar. Raramente escolhemos quem serão nossos parentes, bem como não conseguimos alterar nosso biotipo físico, mas podemos ter mobilidade social, para cima ou para baixo, dependendo de como utilizarmos nossa inteligência, e, acima de tudo, é válido se tivermos um bom caráter, pois riqueza e ascensão fazendo o mal ao outro põem a perder o nosso programa de vida, e o nosso "destino" numa encarnação pode se complicar ainda mais.

Ainda entendemos por um padrão ortodoxo e tradicional esta questão do destino e da evolução. A maioria dos espiritualistas espíritas judaico-cristãos crê no conceito de o espírito só "ganhar luz" depois de sofrer, pagar os pecados no purgatório ou no umbral, ou submeter-se aos argumentos irretorquíveis da catequização de doutrinadores, clérigos ou médiuns. No entanto, esquecemos que todos nós temos uma mesma quota de luz divina, quer sejamos inteligentes ou retardados, corajosos ou fracos, "santos" ou "diabos", homens lúcidos ou bêbados, mulheres castas ou prostitutas. Não há privilégios na criação de Olurum, pois Ele não distribui mais ou menos o sopro da vida, o ar divino que incendeia a chama vital ou centelha, a seus filhos visando a distingui-los uns dos outros.

O homem, como espírito encarnado, não precisa evoluir para "ganhar mais luz", nem morrer fisicamente para sobreviver em espírito, pois já vivemos na própria carne a posse de nossa essência indestrutível que irrompe como disposições psíquicas, talentos inatos e "dons" a serem lapidados. À medida que nos melhoramos, purificamos nossos corpos espirituais; exercitando o bom caráter, irradiamos mais luz ao redor, assim como a limpeza do lampião sujo proporciona mais alcance de seu raio luminoso.

Nosso Ori é indestrutível, motivo pelo qual "o homem foi feito à imagem de Deus". Ou seja, nós, encarnados aqui e agora, não precisamos esperar um futuro, negociando e trocando com o sagrado. Podemos iniciar a purificação de nossos perispíritos já, porque somos modelados pelo sopro e na luz do próprio Deus. Quando o homem se animaliza, ele adensa a sua vestimenta perispiritual, reduzindo a irradiação de luz; mas, na prática das virtudes e do bom caráter, adquirindo sabedoria, clareamos este envoltório, expandindo o alcance de nossa luz interna que jaz intocada.

Quanto à influência dos Orixás sobre o Ori, consequência da sensibilização sofrida antes de reencarnar, como o reflexo de um espelho, terá suma importância na consecução do plano de vida ou destino na presente encarnação. No culto a Ori na Umbanda, é vital o entendimento da composição dessas forças sagradas para o fortalecimento dos médiuns e o seu levantamento pormenorizado é realizado pelo senso de observação do dirigente ao longo do tempo, desenvolvendo extrema acuidade anímica para isso.

Isso pode ser feito principalmente com o domínio do jogo de búzios, pois a caída dos cauris ou conchas servirá como um preciso diagnóstico "radiestésico", não só mapeando a regência dos Orixás ou ELEDÁ, apontando desníveis energéticos que podem ser corrigidos com mudanças de atitudes acompanhadas de alguns preceitos ritualísticos, amacis individualizados, banhos, certas oferendas e outros preceitos.

Para entendermos melhor a regência dos Orixás na cabeça de um médium, imaginemos a dinamite em abrupta explosão na rocha, causando uma onda de choque sonoro no sistema nervoso de quem a recebe com impacto, promovendo um deslocamento na estrutura celular do corpo físico. Assim, os sentimentos e ações movidos pelo egoísmo e pelo desamor contra o semelhante perturbam as substâncias mais finas da estrutura atômica do Ori e, consequentemente, dos corpos Astral e físico, em decorrência da ressonância no meio-ambiente próximo àquele que as emite consciente ou inconscientemente, intencionalmente ou não, resultando no bloqueio vibratório da Lei de Afinidade em seu aspecto positivo e benfeitor.

Ainda que tenhamos a sensibilidade mediúnica exaltada para receber a energia dos Orixás, a fim de facilitar o nosso equilíbrio, como um edifício construído por consistente argamassa que sustenta os tijolos, pensemos que o efeito causado por nossos desequilíbrios emocionais constantes, oriundos dos maus pensamentos que emitimos como potentes golpes contra as paredes desse prédio, acaba por causar uma fissura na estrutura atômica de nossos corpos e chacras, ocasionando as mais diversas anomalias comportamentais e instabilidades na recepção da vibração dos Orixás, que ficam descompensados em nossas cabeças – Ori.

Em nosso psiquismo, estão registrados hábitos viciados de outrora, que serão refreados pelas energias dos Orixás contrárias, para que seja possível o equilíbrio e a superação cármica, pois, enquanto espíritos reencarnantes, não recordamos nossos atos pretéritos quando em estado de vigília. É como usar um sapato de numeração menor, com cadarço apertado.

Assim, certos aspectos comportamentais são aprimorados de acordo com a influência dos Orixás, como, por exemplo, o exaltado guerreiro de outrora que vem com Oxum de frente para "esfriá-lo", ou uma pessoa muito passiva e submissa que tem a irradiação de Ogum para "esquentá-la" e lhe ativa a vontade "enfraquecida".

Se o psiquismo estiver saturado de energias positivas ou negativas, em abundância ou escassez, quentes ou frias, o ser encarnado poderá ter sérios distúrbios psíquicos decorrentes de pensamentos desalinhados, os quais interferem na emotividade e causam sequelas nefastas quando somatizados, surgindo daí fobias, pânicos, depressões, ansiedades, fascinações, obsessões e doenças diversas.

Resumindo melhor: o médium sente com mais intensidade a influência dos Orixás de acordo com a proporção da regência de sua coroa mediúnica. Ou seja, somos mais sensíveis a determinados Orixás do que a outros. Como exemplo, apresentamos a seguir a regência da coroa mediúnica de um médium hipotético:

Orixás regentes – demonstrativo hipotético de influência na cabeça (Ori) de um médium:

Ogum (primeiro) 30-40% – Orixá de frente.

Oxum (segundo) 15-20% – Orixá adjunto.

Obá (terceiro) 10-15% – Orixá da esquerda.

Omulu (quarto) 5-10% – Orixá da direita.

Teríamos, ainda, o Orixá do alto da cabeça, aquele que é o padrinho da encarnação e ao qual o Ori mais se aproxima em afinidade. Este Orixá tem ligação com o signo de Ifá correspondente e só pode ser diagnosticado com precisão através do jogo de búzios, ou pela informação de uma entidade de fato incorporada e com real capacidade de leitura, o que não é comum nos dias atuais em que a mecânica de incorporação não é mais inconsciente.

Os demais Orixás se "pulverizam", podendo alterar-se em determinados momentos de nossa existência, como em situações em que nos deparamos com um problema sério de saúde ou passamos por mudanças pessoais abruptas. Nesses casos, a regência do Orixá poderá ser alterada momentaneamente, prevalecendo a energia afim necessária ao momento cármico.

Há de se comentar o comprometimento cármico que a regência dos Orixás estabelece com os guias do "lado de lá". Existe uma correspondência vibratória com as entidades que assistem os médiuns, as quais, por sua vez, também estão evoluindo. Então, no caso do demonstrativo hipotético de influência apresentado em página anterior, muito provavelmente o guia principal que irá amparar esse medianeiro, e dele se servir, será de Ogum, embora isso não seja algo obrigatório.

Consideremos aí a sensibilização fluídico-astral recebida pelo médium antes de reencarnar, a qual foi detalhadamente planejada para funcionar como um "perfeito" encaixe vibratório para a manifestação mediúnica durante as tarefas caritativas, especialmente por se tratar da complexidade do mediunismo de terreiro.

Um dos maiores ensinamentos que o culto ao Ori nos dá é compreendermos melhor nosso universo interno e fazermos a relação de que aquilo que está fora de nós – macrocosmo – influencia o que está dentro – microcosmo – e vice-versa. Mais do que isso, o predomínio de pensamentos negativos, conforme o caso, gera e induz poderosos fluxos emocionais que percorrem cada indivíduo, afetando seu metabolismo particular, e, por conseguinte, modificam o funcionamento de cada célula e o complexo neuroquímico que é gerado pelas glândulas ligadas a cada chacra.

Assim, não é difícil concluir que nosso Ori interfere em nossos pensamentos, que, por sua vez, se ligam e geram emoções e, através dessas, todos os seres se comunicam com seu Cosmo orgânico interno e com outros seres em similitude de vibrações, dentro da máxima de que afim se atrai afim.

Se tivermos uma imaginação boa, podemos enxergar dentro de nós todos os fenômenos da natureza e, consequentemente, dos pontos de forças relacionados aos Orixás. Dentro de nós às vezes chove, faz frio ou calor, temos tempestades e vendavais, por vezes tufões e terremotos, tem dias em que estamos secos e outros em que somos enchentes, e às vezes damos trovoadas entre relâmpagos. Mas também sopramos brisas mansas e frescas.

Nosso manancial cármico subconsciente, que jaz impresso em nosso Ori, provoca ventos e chuvas, calor e seca, assim como todos os eventos que ocorrem naturalmente no planeta. Nosso universo interno tem correspondência com o externo, alterando positivamente ou, por vezes, instabilizando o nosso psiquismo.

Especialmente os médiuns, notadamente os de terreiro, têm sensibilidade exacerbada com essas forças internas ligadas aos elementos da natureza e aos Orixás, carecendo pontualmente de preceitos energéticos para se descarregarem, se vitalizarem ou, simplesmente, se conhecerem, e por isso se torna indispensável o conhecimento da regência dos Orixás no Ori, o que popularmente é conhecido por coroa mediúnica ou, singelamente, ELEDÁ.

Temos enfeixados vibratoriamente, compondo nossa coroa mediúnica, os guias e falangeiros, espíritos que nos assistem nas tarefas no terreiro de Umbanda. Vamos esclarecer melhor, relembrando o que escrevemos antes, conceituando o que são Orixás sob o nosso ponto de vista teológico e doutrinário.

Etimologicamente, a palavra Orixá significa "a divindade que habita a cabeça" – Ori é cabeça, xá é rei. O termo Orixá faz parte da cosmogonia nagô irorubana, uma das diversas etnias africanas trazidas para o Brasil. Nos antigos Vedas já aparece o termo Purushá, como essência associada à cosmogonia universal. Nos textos sagrados do hinduísmo – Upanishads –, é o ser supremo, o eterno, e contempla seu nosso próprio ser, de que é profundo conhecedor, a testemunha, a consciência pura, isolada dos sentidos em suas relações com a matéria. No esoterismo de Umbanda, faz-se a associação de Orixá como uma corruptela de Purushá, significando "Luz do Senhor" ou "Mensageiro do Senhor", tendo relação com a cabeça – Ori – de cada um de nós, pois nossa centelha ou mônada espiritual é igualmente chispa de luz do Criador Universal.

Podemos afirmar que os Orixás são aspectos vibracionais diferenciados da Divindade Maior – Deus. Assim o são porque cada um dos Orixás tem peculiaridades e correspondências próprias ao se rebaixarem e se fazerem "materializados" na Terra: cor, som, mineral, planeta regente, elemento, signo zodiacal, essências, ervas, entre outras afinidades astromagnéticas.

Em verdade, em sua essência primeva são altas irradiações cósmicas indiferenciadas, antes do rebaixamento vibratório até o plano em que vive a humanidade, propiciando a expressão da vida em todo o planeta.

Assim como é em cima, é em baixo. O ser humano é um microcosmo reflexo do macrocosmo. Não por acaso, o organismo físico em funcionamento contém todos os elementos planetários: ar, terra, fogo e água. Todos nós temos, a cada encarnação, a influência mais intensa de um determinado Orixá, que podemos chamar de "Pai de Cabeça". Esta força cósmica, que é regente de frente, é conhecida como Eledá, sendo responsável por nossas características físicas e psicológicas, de modo que reflitamos os arquétipos ou características comportamentais peculiares ao Orixá que nos rege.

Os demais Orixás que nos influenciam são conhecidos como adjuntós ou juntós – adjuntos – e têm especificidades conforme a ordem de influenciação, da maior para a menor, em segunda, terceira, quarta e quinta estância, ou atrás e nas laterais esquerda e direita da cabeça, compondo o que denominamos na Umbanda de coroa mediúnica do médium.

Atuam ainda, na coroa do médium de Umbanda, os espíritos Guias e as Entidades que têm compromisso com a tarefa mediúnica, abraçadas no Plano Astral antes da reencarnação do médium. Os espíritos na Umbanda trabalham enfeixados vibratoriamente por linha vibratória, e estas, por sua vez, se organizam por Orixá.

Na Umbanda, de uma maneira geral, não consideramos os Orixás como espíritos individualizados em evolução, embora nossas irmãs das religiões afro-brasileiras os entendam, majoritariamente, como ancestrais divinizados, ou seja, espíritos que já encarnaram no passado e foram heróis em suas comunidades e nações, incorporando-os numa linha de ancestralidade remota. Na concepção teológica rito-litúrgica que predomina na Umbanda, os Orixás são energias criativas divinas de alta voltagem sideral, impossíveis de serem expressas e incorporadas pelo mediunismo de terreiro. Quem se manifesta pela mecânica de incorporação são os espíritos falangeiros dos Orixás, que trabalham agrupados por linha, que, por sua vez, estão agrupadas pela irradiação de cada Orixá.

Por outro lado, em casos específicos, é possível incorporar a forma-pensamento de um Orixá, a qual é plasmada e mantida pelas mentes dos encarnados. Certa feita, durante uma sessão de preto(a) velho(a), eu estava na abertura dos trabalhos, na hora da defumação. O congá "repentinamente" ficou vibrando com o Orixá Nanã, que é considerado a mãe maior dos Orixás e cujo axé (força) é um dos sustentadores da egrégora da Casa desde a sua fundação, formando par com Oxossi. Faltavam poucos dias para o amaci (ritual de lavagem da cabeça com ervas maceradas), que tem por finalidade fortalecer a ligação dos médiuns com os Orixás regentes e guias espirituais. Pedi um ponto cantado de Nanã Buruquê, antes dos cânticos habituais. Fiquei envolvido com uma energia lenta, mas firme. Fui transportado mentalmente para a beira de um lago lindíssimo e o Orixá Nanã me "ocupou", como se entrasse em meu Corpo Astral ou se interpenetrasse com ele, havendo uma incorporação total. Vou explicar com sinceridade e sem nenhuma comparação, como tanto vemos por aí, como se a manifestação de um ou outro (dos espíritos na Umbanda versus dos Orixás em outros cultos) fosse mais ou menos superior, conforme o pertencimento de quem os compara a uma ou outra religião. A "entidade" parecia um "robô", um autômato sem pensamento contínuo, levado pelo som e pelos gestos. Sem dúvida, houve uma intensa movimentação de energia benfeitora, mas durante a manifestação do Orixá minha cabeça ficou mentalmente vazia, como se nenhuma outra mente ocupasse o corpo energético do Orixá que dançava, o que acabei sabendo depois tratar-se de uma forma-pensamento plasmada e mantida "viva" pelas mentes dos encarnados.

No dia a dia dos terreiros, não é incomum nos referirmos aos enviados dos Orixás como sendo o próprio Orixá. Então, um caboclo de Ogum, Oxossi ou Xangô, é chamado, respectivamente, de Ogum, Oxossi ou Xangô.

Os Orixás cultuados no Grupo de Umbanda Triângulo da Fraternidade, do qual o autor é dirigente e fundador, que abrigam os espíritos ancestrais que se "acomodam" em linhas de trabalho, são os seguintes: Oxalá, Yemanjá, Xangô, Ogum, Iansã, Oxum, Oxossi, Nanã e Omulu. Esses Orixás formam a Coroa de Irradiação do Terreiro, disposta na forma de assentamentos vibratórios dentro do Espaço Sagrado, visível a todos e democratizado para o uso comum de toda a comunidade.

Temos, ainda, os Orixás individuais de cada médium, que compõem a coroa mediúnica pessoal, isto é, o Eledá. Podemos dizer que, associados ao Ori – cabeça – de cada medianeiro se aglutinam os Guias e Guardiões espirituais, espíritos que são consciências, têm inteligência e compromisso de trabalho com o médium, que se farão manifestar por meio da mecânica de incorporação, irradiação intuitiva, inspiração, vidência, audiência e demais "dons" mediúnicos, nas tarefas caritativas que foram previamente combinadas no Plano Astral antes do reencarne do médium. O "diagnóstico" e o "levantamento" da coroa mediúnica individual são realizados com a prática mediúnica no terreiro associada ao Jogo de Búzios – Merindilogun. Para tanto, são necessários, em média, para se "firmar" a bom termo um médium de Umbanda, tornando-o seguro e capaz de trabalhar com todas as linhas vibratórias e Orixás, um mínimo de 7 anos de pertença legitimada pela regular e assídua vivência interna templária, participando ativamente dos ritos estabelecidos em conformidade com o calendário litúrgico de uma comunidade religiosa – terreiro.

Repetindo-nos mais uma vez, para melhor firmarmos os conceitos desenvolvidos nesta obra, os quais estamos vivenciando com intensidade: de nada adianta uma bela cabeça se não cuidamos do corpo que a sustenta. Lembramos novamente: Exu, como princípio da vida individual humana, seu elemento catalisador e dinâmico, é conhecido como:

Obara ou bará = oba + ara – senhor do corpo.

Afirmamos que se um espírito reencarnante não possuir a vibração de Exu em si mesmo, ou seja, em seus núcleos de força perispirituais, impactando na formação do corpo físico, não consegue reencarnar, pelo simples fato de que Exu é parte inseparável de qualquer ser criado ou matéria diferenciada. Se não existisse Exu, criação divina, os orixás não se particularizariam e continuariam fazendo parte do todo cósmico. Como o que está em cima é símile ao que está em baixo, não conseguiríamos ter uma densidade adequada para habitarmos o Plano Astral, pois as moléculas astralinas não se condensariam para formar o Corpo Astral. É o impulso gerador e procriador de Exu que faz a ligação da força magnética motriz do corpo Astral, fazendo-a impactar após o encontro do espermatozoide com o óvulo no gameta localizado no útero da mãe, para a formação do futuro corpo físico. Assim, inevitavelmente, o culto a Ori e a compreensão e o fortalecimento de nossa coroa mediúnica – orixás regentes, guias e falangeiros – exige, inexoravelmente, que cultuemos Exu, o que não significa necessariamente incorporação, pois nem todos entram em transe. Os preceitos energéticos de fortalecimento de Ori, como o são os amacis, partem do zelo preliminar para com Exu, individual de cada médium e coletivo, da comunidade de axé umbandista, para equilíbrio e fortalecimento do tônus anímico orgânico que permite ao corpo físico estar saudável, concretizando suas ações na matéria em conformidade com seu odu – destino pessoal. Obviamente que os ritos mediúnicos internos de um terreiro são preventivos e profiláticos, no sentido de que contribuem decisivamente contra o estabelecimento de enfermidades psíquicas e físicas a toda a corrente indistintamente.

Capítulo 13

A ambiguidade de Exu
O trabalho dos Exus falangeiros, espíritos

Entendemos que as entidades que atuam como Exus são como guardiões de nossos caminhos (nossas encruzilhadas cármicas). A vibração dessa linha atua numa faixa de retificação evolutiva, fazendo com que muitas vezes sua atuação seja confundida com o mal, o que não é de forma alguma verdadeiro. Se um Exu atua numa faixa de correção, muitas vezes no escopo de seu trabalho, alguém vai sofrer alguma mazela por puro efeito de justo retorno. Por exemplo: pessoas que foram muito ricas e despóticas em vidas passadas, na atual encarnação vão encontrar dificuldades para o ganho financeiro. Nesses casos, então Exu não irá facilitar em nada essa situação, agindo dentro de uma linha justa de intercessão. E se a criatura fizer um trabalho de magia negativa para conseguir um emprego e prejudicar alguém, e o prejudicado procurar um terreiro de Umbanda, pode-se ter certeza de que o contratante do trabalho terá como retorno todo o manancial cármico que distorceu intensificado, por um justo mecanismo de compensação cósmica, que foge ao nosso controle. Então, o que acontecerá depois cabe a Xangô (a justiça) determinar; cabe a Exu apenas executar à risca. Parece duro, mas aprendemos com o tempo que as coisas funcionam desse modo, independentemente do que se entende como Exu ou não.

Os espíritos que manejam e atuam na vibração de Exu são calejados nas lides e na psicologia da vida, e desprovidos de sentimentalismos na aplicação da lei cármica. Entendemos que, sem essa vibratória, o planeta seria uma barafunda, e os magos do Astral inferior já teriam instalado o caos na Terra.

Há de se ter bem claro que Exu não faz mal a ninguém, ao menos os verdadeiros. Quanto aos espíritos embusteiros e mistificadores que estão por aí, encontram sintonia em mentes desavisadas e sedentas por facilidades de todas as ordens.

Os Exus atuam diretamente no nosso lado sombra e são os grandes agentes de assepsia das zonas umbralinas. Em seus trabalhos, cortam demandas, desfazem feitiçarias e magias negativas feitas por espíritos malignos, em conluio com encarnados que usam a mediunidade para fins nefastos. Auxiliam nas descargas, retirando os espíritos obsessores e encaminhando-os para entrepostos socorristas nas zonas de luz no Astral, a fim de que possam cumprir suas etapas evolutivas em lugares de menos sofrimento.

Assim é Exu: por vezes incompreendido, outras temido, tantas amado, mas sempre honesto, alegre, feliz, direto no que tem a nos dizer, e incansável combatente da maldade que o próprio homem alimenta no mundo.

A ambiguidade de Pedro, que amava o mestre, mas o negou três vezes, é emblemática e simboliza a nossa hesitação diária frente à internalização do Evangelho, pois rejeitamos seus ensinamentos morais diariamente. Jesus o advertiu, antevendo os caminhos que iria percorrer negando-o. Não é diferente nossa ambiguidade existencial, projetada pelo nosso imaginário para a vibração de Exu, que é a Lei Cósmica Retificadora, nos fazendo caminhar o nosso destino planejado antes de reencarnarmos. Exteriorizamos o caráter duvidoso, nosso lado sombra, de nossos comportamentos equivocados que almeja as portas largas das facilidades, visivelmente nos pontos cantados de Exu nos terreiros, que são descritivos da atuação atemporal – entre as reencarnações sucessivas – do movimento "organizador" e "desorganizador" da Lei de Causa e Efeito.

Ocorre que, quando tentamos "organizar" as coisas com egoísmo, olhando os nossos interesses particularizados, julgando o outro, sentenciando como deve agir, o que é imperfeito ou perfeito, impondo padrões de conduta dentro daquilo que nos agrade, acabamos desorganizando o equilíbrio da "teia" que nos liga uns aos outros, por arbitrarmos valores de conduta como se juízes fôssemos, desrespeitando a Lei Divina. Neste sentido, Exu é a vibração do Criador, que é o reflexo da Ação e Reação Cósmica – numa linha de retificação cármica, "doa a quem doer", colocando as coisas nos devidos lugares, pois não se prende a julgamentos, fruto de interesses humanos e de senso moral de uma religião, doutrina, teologia, culto ou época particularizada.

Até finalmente alcançarmos certo estágio de evolução, em que ninguém ficará devendo nada a ninguém e não haverá credores batendo em nossas portas. Assim, para isso, Exu nos conduz no tempo em que ficamos na matéria e no vento, que é um mero suspiro de uma encarnação.

Observamos que muitos pontos cantados são originários dos tradicionais provérbios em forma de rezas ou cantigas dos antigos africanos que lapidaram os Pretos Velhos nas senzalas, mantendo fortes resquícios da cosmogonia nagô iorubana. Assim, encontramos alguns ditados que são emblemáticos quanto à aparente ambiguidade de Exu, e que sem dúvida influenciaram e influenciam o imaginário popular das práticas mágicas.

Há que se dizer que se popularizou Exu no Brasil, "demonizado" pelas seitas midiáticas, que, a bem da verdade, hoje podemos afirmar que Exu criou independência de qualquer religião, transformando-se, em muitos casos, em ferramenta da mais nefasta magia negativa, de trabalhos pagos e trocas com o além-túmulo, que nada tem a ver com a Umbanda ou com a origem africana do Exu Iorubá.

Tentaremos interpretar, numa visão esotérica mais profunda, à luz das leis cósmicas universais, certos provérbios contidos em rezas ou cantigas de terreiro.

1. Ele está de pé na entrada, em cima da dobradiça da porta.

A porta abre e fecha. Simbolicamente, Exu domina a dobradiça e tem a chave de quem entra e sai. Nem sempre onde queremos entrar ou chegar Exu irá permitir, pois não é de nosso merecimento. É a vibração do Senhor dos Caminhos, que "sabe" aonde temos direito de ir e andar. Quantos pensam que, após a morte, entrarão no Céu dos católicos, em Nosso Lar dos espíritas ou em Aruanda dos umbandistas, e se surpreendem enormemente ao chegarem do lado de lá e as portas estarem fechadas.

Não por acaso, em algumas regiões do Brasil, Exu é sincretizado com São Pedro, o "santo" que teria a chave da porta do Paraíso, especificamente com Bará Lodê – no Batuque gaúcho. Estudemos cada vez mais, assim diminuindo o preconceito às religiões de matriz africana e à Umbanda.

2. Quando ele vai para a plantação de amendoim encontra o quiabeiro.

Nem sempre o que estamos plantando vamos colher, se o efeito não é gerado por uma causa justa. Podemos almejar riquezas e conseguirmos, mas se não tivermos uma boa cabeça com bons pensamentos, não exercitarmos ações de bom caráter ao darmos os passos em nossas vidas, no caminho jogando sementes de discórdia, desonestidade, abusos, exploração... aí certamente não colheremos o que desejávamos – encontraremos quiabo ao invés de amendoim. O recado simbólico do provérbio é que, muitas vezes, a desavença familiar, a disputa entre sócios, as quizilas, a concorrência desleal, a desonestidade, as intrigas, as traições, as disputas e os processos jurídicos "injustos" contra terceiros fazem até grandes impérios caírem e, por si, não são sinônimos daquilo que almejávamos, nos decepcionando, pobres "vítimas" ao final de uma vida, como se fôssemos inocentes e não soubéssemos o que aconteceu.

3. Se ele se zanga, senta-se na pele de uma formiga.

Ao contrariarmos a Lei Divina, nada será impossível ao Criador para nos colocar de volta no trilho do caminho e do destino que é nosso de direito. A zanga é no sentido simbólico de que algo está errado, e não de punição. Sentar-se na pele de uma formiga significa que o plano tridimensional em que vivemos esconde verdades metafísicas que, se não compreendermos melhor, poderemos sofrer um efeito de retorno que aparentemente é ingrato ("Como pôde ter acontecido, logo comigo?").

Quantos, muitas vezes, no meio da vida física, sofrem de câncer ou de alguma doença degenerativa que se "assenta" no organismo físico e as causas geradoras são pretéritas à atual existência, fruto de nossos abusos no campo dos vícios?

4. Ele vai no mercado e traz azeite numa peneira.

Muitas vezes, o nosso senso do que é certo é errado, e o que é errado é certo, pois "julgamos" baseados em valores, crenças e preconceitos adquiridos que não são condizentes com a verdade da Lei de Reencarnação. Quando não acreditamos em nossas potencialidades por não conseguirmos enxergar nossos talentos internos, deixamos de ir ao mercado da vida, local onde trocamos talentos uns com os outros, cortando o destino programado de abundância e prosperidade – o que não significa riqueza material –, deixando o "azeite" escorrer pela peneira. O óleo de oliveira é valioso e nas religiões primevas, simbolicamente, quando ungido na cabeça, significava a presença de Deus. O corpo físico é a peneira que deixa vazar o Cristo Interno para as superficialidades da vida ilusória, e pela nossa descrença não retém a programação cármica em que fomos preparados antes de nascer. Não temos fé em nossas capacidades e dons internos, por absoluta falta de autoconhecimento crístico, assim nos determinando diretrizes psíquicas que nos tornam impossíveis às realizações do espírito numa encarnação.

5. Ele amarra uma pedra na carga de alguém que tem o fardo leve e tira a mesma pedra de alguém que tem o fardo pesado.

Ao nosso olhar estreito, quando Exu coloca uma pedra em nosso fardo, parece uma injustiça, mas é a retificação com nossos credores ocultos e, por vezes, nem tão desconhecidos assim. Lamentavelmente, hoje a rede mundial de computadores está cheia de sites com trabalhos em nome de falsos "Exus" para prejudicar e fazer mal aos outros. A intenção de tornar o fardo do outro mais pesado, seja desejando-lhe simplesmente o mal, vibrando inveja, ciúme ou cobiça, aciona o mecanismo da lei de retorno e o nosso fardo, que era inicialmente leve, torna-se pesado, pelas afinidades nefastas que atraímos. Neste sentido, os verdadeiros Exus não são condescendentes com ninguém e efetivamente tiram e colocam as pedras em nossos fardos, dentro da lei de justiça universal, doa a quem doer.

6. Tendo lançado uma pedra ontem, ele acerta um pássaro hoje.

Aqui é descrita a atuação atemporal de Exu, que nos "cobra" agora, como agente aplicador da Lei, o que fizemos ontem numa existência e, se não for possível uma vida melhor na presente encarnação, que seja no futuro, que a Deus pertence. Quantas vezes "cai uma pedra" em nossas cabeças e não sabemos os motivos, lamuriando-nos frente aos obstáculos da vida? E, no mais das vezes, esquecemos facilmente o que de ruim fazemos aos outros nesta encarnação, e que estamos enredados em finas cordas invisíveis, que vibram conforme as movimentamos independente da noção maniqueísta de bem ou mal.

7. Ele faz o torto endireitar e o direito entortar.

Mais uma vez, a "ambiguidade" de Exu é só aparente. Um "torto" de consciência endireita-se numa reencarnação e, ao mesmo tempo, um que "desceu" com direitos para o corpo físico se entorta e volta com débitos. Tal é a Lei Divina, em sua impessoalidade, equânime a todos pelo amor do Criador, que estabelece o livre-arbítrio e a liberdade de semeadura, e lá está Exu executando-a e retificando-nos a colheita obrigatória, nos catapultando inexoravelmente à evolução, com o "tridente" nos espetando para frente entre as "labaredas" da existência carnal.

8. Agachado, com sua cabeça ele alcança o teto da casa. Em pé, ele não é suficientemente alto para alcançar o teto.

Quando levantamos a cabeça orgulhosamente, sem olhar quem está abaixo de nós, pisando nos direitos individuais em favor de nossos "direitos", não alcançamos nossos objetivos existenciais numa reencarnação. Ao contrário, quando temos humildade e respeitamos fraternalmente nossos companheiros de jornada evolutiva, podemos alcançar o teto da realização cármica numa presente existência carnal.

A reflexão sobre Exu que propomos, livre de fetichismos aviltantes, cultos exteriores, milagres salvacionistas e barganhas com espíritos, em verdade é pensar em nós mesmos, em nossas condutas e modo de ser. Respeitemo-nos dentro das Leis Cósmicas e, acima de nós, tenhamos profundo respeito pelos executores da Lei Divina em Ação, os senhores Exus.

Quanto à irradiação ou vibração sagrada Exu, ela é a responsável por levar e trazer, abrir e fechar, conduzir e movimentar toda e qualquer energia, fluido, axé ou prana, entre as diversas dimensões ou planos vibratórios, "céus" ou "oruns", como queiram denominar essas outras esferas existenciais. Sem o aspecto sagrado Exu, o Universo seria estático; tudo parado, inerte, e não teríamos evolução.

Quando fazemos uma oração a uma "divindade", "santo", guia, benfeitor espiritual, utilizando nosso pensamento associado à vontade, o movimento quem dá é Exu, seja que nomes derem a ele, incondicionalmente se o conhecemos assim ou não, pois sua atuação independe de sabermos que existe e de nossa aceitação ou recusa, de crença ou de fé, pois é uma realidade irmanada de Deus na organização do Cosmo.

Concluindo este capítulo, lembremos que estamos todos inseridos na roda das reencarnações, ora aqui, ora do lado de lá. Os mitos, lendas e tradições, crenças e cultos diversos ao longo da história, devem ser continuamente reinterpretados, dentro de uma lógica do momento presente que vivemos; inclusiva, racional, verdadeira, prevalecendo sempre a essência da Umbanda, o seu "núcleo duro" e central: a manifestação do espírito para a caridade.

Por que Exu é Mojubá?

"Sem Exu não se faz nada..."

Esta parte de um conhecido ponto traduz com muita propriedade o trabalho das entidades Exus na Umbanda. Esses espíritos tão envoltos pela aura de misticismo, crendices e até medo, devem sua fama macabra e distorções de sua figura principalmente ao mau uso de seu nome por encarnados, que muitas vezes nem mesmo sabem a quem estão se referindo, ou mesmo a quem pensam estar invocando.

Essas abnegadas entidades, que buscam acima de tudo a evolução, são comparadas a demônios, a entidades malignas e tendenciosas que se vendem em troca de bebidas alcoólicas e despachos em encruzilhadas. Quem pensa estar agradando a Exu com tais "mimos" está, na realidade, simplesmente alimentando fluídica e energeticamente espíritos desqualificados que se aproveitam do desconhecimento de criaturas que ainda imaginam que religião se faz somente com o dia a dia e seguindo a "tradição" oral distorcida passada de geração a geração. É pela falta de interesse no estudo e na busca da essência das inter-relações das energias dos Orixás que os "quiumbas" continuam fazendo festa nas madrugadas após serem regiamente presenteados por quem deseja barganhar com o espiritual.

Os verdadeiros Exus da Umbanda são espíritos que, de tanta humildade, nem mesmo se melindram com essas distorções grosseiras das quais são vítimas; estão sempre prontos para penetrar em ambientes onde outros espíritos já mais evoluídos teriam dificuldades para ir em virtude do descenso vibratório que se faria necessário. Transitam com desenvoltura pelos mais intrincados caminhos do umbral inferior investidos da proteção de serem representantes do Cristo na Luz, resgatando aqueles espíritos que se fazem merecedores após esgotarem sua negatividade nos lodaçais umbralinos. Quando lhes é conveniente, utilizam-se inclusive da própria roupagem fluídica que lhes é imputada pelas crendices populares, que podem transformá-los visualmente em criaturas de "meter medo" até nos maiores crentes do Astral inferior ou nos desavisados que possuem a mediunidade de vidência.

Graças às falanges desses trabalhadores incansáveis, é possível levar a caridade aos irmãos necessitados em milhares de locais que laboram com a segurança conferida pelos guardiões que cercam o perímetro dos centros espiritualistas, enquanto outros fazem o transporte dos desencarnados que já estão em condições para os devidos locais de refazimento ou evolução. Ao término dos trabalhos no plano físico, muitas vezes o trabalho no Astral está recém iniciando, tal a importância dessas entidades nos desmanchos de magia, descargas energéticas e incursões às camadas inferiores. Seria muito complicado e, por que não dizer, impossível as entidades de outras linhas trabalharem sem os Exus garantindo o transcorrer tranquilo das mesmas junto à crosta.

Entidades de fato e de direito que são Exus (masculinos e femininos) não utilizam palavreado chulo, não se vendem por "marafo" e muito menos por cadáveres de irmãos menores, não fazem "amarrações" ou "abafamentos" de nenhum irmão encarnado que tenha livre-arbítrio. Não apressam negociatas e nem prejudicam desafetos, não disseminam doenças e nem minam a saúde de ninguém. Não enriquecem e tampouco empobrecem a quem quer que seja. Se alguém vivenciou qualquer uma dessas situações, tenha a absoluta certeza de que aí não teve o toque de Exu, e sim de algum espírito oportunista valendo-se do desconhecimento alheio.

É tal o apreço que esses espíritos têm pelos encarnados, seja pela proximidade energética que ainda guardam com a crosta, seja pelo infinito amor que dedicam aos irmãos na carne, que a impressão que se tem no transcorrer de uma gira é que estamos recebendo conselhos e conversando com um amigo antigo, a quem confidenciamos nossos mais escabrosos segredos e que nos orientam sem julgamentos como somente os amigos de verdade conseguem fazer. Orientam-nos sem julgar, até com energia, mas nunca com ofensas, amparando-nos sem servir-nos de muletas, esclarecendo-nos sem esperar reconhecimento. Não é por acaso que, muitas vezes, se referem aos consulentes como "compadre" ou "companheiro", pois é isso que somos para os Exus, espíritos irmãos ombreando lado a lado na mesma busca de melhoramento íntimo, que ainda precisam lidar com as amarras reencarnatórias, tentando desvendar os véus do abençoado esquecimento de vidas passadas enquanto espíritos encarnados.

A contabilidade cármica é perfeita e a Lei Maior é inexorável, portanto "orai e vigiai" com a certeza de que, sempre que houver merecimento, haverá um Exu verdadeiro ao seu lado para lhe defender com unhas e dentes de qualquer situação que possa agir contra seu livre-arbítrio ou contra a misericórdia divina. É por isso que "**Exu é Mojubá**", ou, entre tantas traduções empregadas, "**Exu, eu te apresento meu humilde respeito**".

Um grande equívoco, a nosso ver, é afirmar, como fazem alguns comandantes de terreiros, que os Exus não trabalham nos rituais públicos de Umbanda. Reduzir a sua ação apenas à função de guardião da porta dos templos, ao lado dos guerreiros de Ogum e demais "entidades superiores" da Umbanda, como se fossem inferiores aos demais, é jogar para o lado de lá uma falácia, baseada num falso senso de superioridade evolutiva dos espíritos. Outro exemplo de pureza evolutiva é afirmar que os Exus não possuem a função de atender frequentadores em templos de Umbanda incorporados nos médiuns por isso ser perigoso à corrente, sendo a tarefa deles a defesa da casa e da corrente de médiuns, e quando um templo utiliza Exus no atendimento de seus frequentadores, esse templo dificilmente é de Umbanda e tem infiltrações na egrégora da casa. Portanto, existiria a pseudonecessidade de muita cautela ao frequentar templos que procedem dessa forma. Esse tipo de afirmação é um exemplo clássico de preconceito ainda vigente, pois as formas dos espíritos não dizem nada e considerar-se melhor do que os outros pelo fato de não terem sessões públicas de Exu, algo que ainda existe nas "Umbandas esotéricas" puristas e etnocêntricas. Ainda, tratar os Exus como meros faxineiros do Astral, evocados como "escravos" dos guias espirituais para o trabalho pesado. Insistimos em que proclamar-se aos ventos que trabalhar incorporado com Exu em sessões de caridades para aconselhamento é falhar como médium, é uma irresponsabilidade e alimenta o misticismo pueril, não contribuindo em nada para a nossa evolução, assim como faziam os fariseus com Jesus que curava aos sábados. Devemos, sim, reelaborar nossos vícios de caráter, vencendo a nós mesmos, e parar de atribuir ao externo aquilo que temos medo de enfrentar em nós.

Artigo escrito por Adriano Appel,
publicado no blog do Grupo de Umbanda
Triângulo da Fraternidade.

CAPÍTULO 15

Os Exus guardiões neutralizadores das ações do baixo umbral

Todo espírito guardião é um Exu, mas nem todo Exu é um guardião. As entidades Exus têm múltiplas funções e uma delas é guardar os caminhos, as encruzilhadas vibratórias, os portais dimensionais. Embora a palavra Exu seja mais comum na Umbanda e nos cultos de origem afro, quando é empregada por espiritualistas "estranhos" ao meio afro-umbandista como sendo somente guardião, é uma redução de sua esfera de ação divina, que abordamos nos capítulos anteriores.

No entanto, há que se considerar que os Exus guardiões não desempenham tarefas de igual teor. Também no Plano Astral, mais do que entre os homens, é necessário conceber a ideia da especialização. Assim, existem especificidades de "guarda" que não conseguiremos esmiuçar nesta obra, pois são por demais amplas, como, por exemplo, a "guarda" das dimensões de esfera planetária, impedindo passagens de uma por entidades intrusas que só causariam desordens. De acordo com essa ótica, atuam os chamados Exus superiores, conhecidos na Umbanda como guardiões das encruzilhadas cósmicas e senhores dos caminhos. Ou seja, cada espírito ficará inexoravelmente no plano vibratório que lhe é afim, o que deve ser respeitado. Mesmo seres de grandes poderes magnéticos, como o são certos magos das sombras, não conseguem ultrapassar certas barreiras vibracionais que esses guardiões mantêm ativas. Outro aspecto a ser considerado é que, naturalmente, o peso específico do Corpo Astral faz com que este veículo seja inexoravelmente atraído para subplanos astrais que lhe são símiles em frequência.

Observaremos alguns "requintes técnicos" nas ações dos Exus guardiões dos templos umbandistas e dos subplanos umbralinos. Fato que os distingue dos quiumbas propriamente ditos, agentes das sombras, os quais combatem e frenam as ações. Constituem uma força Astral nada desprezível e organizam-se à semelhança de um exército, com seus diversos departamentos hierárquicos. Há necessidade de se estabelecer ordem e disciplina em todos os domínios do Universo. Dessa forma, a falange dos guardiões desempenha uma função de zelar pela harmonia, a fim de evitar o caos no mundo Astral terrícola. Reflitamos que a presença de representantes da ordem atuando como forças disciplinadoras nas regiões inferiores é imprescindível, se levado em conta o estado atual da evolução planetária. Poderíamos imaginar como seriam nossas atividades espirituais sem a dedicação e o trabalho dos Exus guardiões? Imaginemos ruas, quadras, bairros, cidades ou países sem policiamento, sem disciplina, sem ordem alguma...

Na Umbanda, Exu é uma força cósmica divina. Esotericamente, é tido como agente mágico da natureza, correspondente às forças de equilíbrio universal. Como figura mitológica ou simbólica, Exu atua nas encruzilhadas vibratórias, nos entroncamentos energéticos. Sob essa perspectiva, podemos entender que as entidades espirituais que atuam como guardiões representam a ordem, o ponto de equilíbrio, onde cessa o conflito dualista entre o bem e o mal, entre a luz e a sombra, fazendo a retificação, doa quem doer. Isto é, os Exus agem de acordo com a justiça, sem se pautarem pelas noções de bem e mal desenvolvidas pelos encarnados. Orientam-se conforme a ética mais ampla e os conceitos cósmicos. Ao contrário do que preconizam as religiões maniqueístas, Exu não se opõe ao Criador e é elemento cósmico equilibrador da existência de todos os espíritos.

Embora as diversas especializações e a eficiência das falanges de Exus guardiões, seu trabalho no mundo não consiste nem visa à eliminação das lutas do cotidiano. Ao contrário, esses abnegados espíritos falangeiros sob a irradiação de Exu, enquanto agentes divinos que são, não estão aí para poupar o homem de enfrentar as questões que ele mesmo engendrou ao longo dos séculos. A função dessas legiões não é privar os indivíduos dos desafios que fazem parte de seus destinos, nem facilitar-lhes ou dificultar-lhes os passos que terão que ser dados durante a caminhada humana. Os guardiões são elementos de equilíbrio e não apenas de defesa. É fundamental salientar a diferença. Pensemos que, por vezes, o equilíbrio exige o ataque, se sua atuação confrontar-se com a barreira distorcida do livre-arbítrio equivocado de pessoas e comunidades, no sentido de que, no exercício das liberdades individuais de agir, seja colocado em risco o plano divino de evolução coletivo. Nesse caso, os guardiões assumem o papel de instrumentos da lei de causa e efeito, impondo um limite àquilo que poderia gerar um desvio mais evidente e profundo na harmonia de famílias, ruas, quadras, bairros, cidades, nações, continentes e, por fim, do planeta, dependendo de sua esfera de ação.

Para ilustrarmos como os falangeiros Exus guardiões agem, vamos narrar uma experiência que vivenciamos. Na época, tínhamos um estudo sistematizado sobre a Umbanda que antecedia as sessões públicas de passes e consultas. Os temas eram variados e se repetiam de tempos em tempos. Aquele seria o primeiro encontro sobre Exu e já se percebia certa ansiedade nos frequentadores que se faziam presentes. Como temos um público eclético, constituído por espíritas, umbandistas e também por pessoas oriundas de cultos afro-brasileiros, antevimos a polêmica que provavelmente se formaria, como já havia acontecido anteriormente em cursos e seminários.

Certo que não é fácil falar de Exu no contexto religioso diverso da nossa assistência, que reflete uma sociedade plural, religiosamente falando, mas preponderantemente hegemônica nos conceitos morais de certo e errado, de pecado e evolução, fruto das religiões predominantes, todas evangélicas. Sabendo que haveria um trabalho fraterno de esclarecimento e conscientização espiritual – não gosto do termo "doutrinação" –, principalmente para o contingente de desencarnados que compareceria junto com os encarnados, tomei todas as precauções de segurança, renovando os elementos e condensadores energéticos que compõem os campos de força de proteção da casa – tronqueiras de Exu.

O dia do estudo chegou e, trinta minutos antes das 17 horas, horário que começa a preleção que antecede a dinâmica de perguntas e respostas durante os encontros, inesperadamente faltou luz. "Coincidentemente", o mote central do tema Exu era a atuação, nas trevas, dos espíritos que se enfeixam nessa vibração. Tivemos que colocar várias velas no salão e no terreiro e fizemos nossa primeira sessão à luz de velas. Ficou uma pergunta no ar: foi realmente uma coincidência? Se sim, que sincronicidade!

Ligamos para a Companhia Estadual de Energia Elétrica, que nos informou que a previsão para o retorno da luz era por volta das 21 horas e que um disjuntor havia se quebrado inexplicavelmente em um transformador próximo ao nosso endereço, mais precisamente numa encruzilhada na esquina do terreiro. Quando fiquei sabendo disso, pensei: "Aí tem coisa!", pois haviam feito um despacho na noite anterior na ponta da encruzilhada que tinha o poste de iluminação onde o disjuntor "quebrou". Fui fazer uma reza cantada na tronqueira – ponto de firmeza de Exu – para pedir proteção e entrei num transe lúcido, minha consciência sendo transportada para um estado superior de percepção extrafísica, e assim Exu Tiriri Rei da Encruzilhada, entidade que me assiste e comanda uma falange de "barás da rua" e dá cobertura do portão do terreiro para fora, me informou através da clariaudiência:

"O disjuntor que quebrou fica no poste em que, costumeiramente, são feitos despachos com animais sacrificados. O fluido etéreo pesado ali colocado, amalgamado com os pensamentos desalinhados dos transeuntes (de sexo, cobiça, inveja, raiva etc.), alimenta uma organização trevosa que mantém nesta encruzilhada uma espécie de portal energético que se abre como um túnel para as zonas umbralinas, formando uma importante usina de combustível que a sustenta. O tema da palestra do dia deixou os membros dessa organização irados, e os inevitáveis esclarecimentos que serão dados sobre a dispensa do sangue para Exu atuar os motivaram a um levante. Então, eles criaram uma espécie de "bucha" de ectoplasma e, pelo efeito físico de materialização, conseguiram causar um curto-circuito nos fios, danificando o transformador. A escuridão no terreiro seria favorável à invasão deles, que tinham a intenção de fazer as pessoas passarem mal. Mas está tudo sob controle. Já estamos com reforços e os nossos campos de força estão expandidos. Só conseguirão entrar na Casa os espíritos sofredores e os obsessores ligados aos frequentadores do estudo. Os planos para o encontro do dia poderão ser realizados normalmente, mas muitos espíritos revoltados das zonas trevosas ficarão retidos em nossas malhas magnéticas de proteção, o que tornará a sessão da noite um tanto pesada e será necessário que, ao final, seja feita uma descarga especial com fundanga – queima de pólvora –, a fim de que sejam desintegradas essas energias deletérias e consigamos encaminhar aos postos astralinos os sofredores, onde serão atendidos."

Agradeci a informação desse dedicado trabalhador espiritual e reforcei meu pedido de proteção a Ogum, em nome da coletividade que frequenta nossa comunidade. Tudo isso no mais profundo silêncio e solidão, confiando sempre, tal é a rotina de um zelador de terreiro. Ato contínuo, rezei através de uma cantiga no otá – pedra sagrada – do Omulu pedindo que nossa descarga vibratória fosse capitaneada no Astral pela sua vibração e que sustentasse os campos de força até a descarga interna especial que aconteceria ao final da engira pública – rito interno só com a corrente mediúnica. Ao terminar a rogativa, senti a presença de uma legião de caboclos oguns megês e caboclas Iansã de balê, com espadas em fogo nas mãos, preparados para toda a movimentação e incursão no Umbral que cuidaria do socorro das entidades nas próximas quarenta e oito horas. A vibração de Ogum Megê é o entrecruzamento do Orixá Ogum com Omulu e

Iansã, responsável por socorrer os espíritos que ainda não têm consciência de que desencarnaram e são escravizados por essas organizações trevosas do Umbral inferior, principalmente os capturados nas portas de cemitérios.

Há que se falar das peculiaridades, aparências e linguagens dos Exus. Antes, porém, é importante conceituarmos mais uma vez a vibração energética de Exu, separada de entidades espirituais que atuam enfeixadas nela.

Objetivamente, todo o movimento no Cosmo, em suas diversas dimensões vibratórias, é Exu. Se não fosse Exu, o Universo seria estático e não haveria evolução.

O nascimento de uma estrela, um orbe, o balanço das ondas do mar e das folhas árvore têm incidência de Exu. Exu não é a energia primordial que forma tudo, mas faz tudo se movimentar. Se assim não fosse, não teríamos os descensos vibratórios dos espíritos para encarnarem, nem conseguiríamos voltar para a dimensão Astral quando desencarnamos, ficando "presos" na crosta. A própria coesão molecular planetária é originada do movimento de aglutinação que a vibração de Exu propicia. Por isso se diz, na Umbanda, que não existe Orixá sem Exu.

Quando manipulamos qualquer elemento, como flores ou ervas para os Orixás, na verdade quem transporta o fluido liberado é a vibração de Exu. Repetindo-nos, como falamos em capítulo anterior: se Exu tudo equilibra, abre e fecha, faz descer e subir, seja na horizontal ou na vertical, quais são as tarefas e peculiaridades das entidades que labutam nessa vibratória? Primordialmente, podemos dizer que são guardiões do carma, do eu crístico de cada individualidade. Atuam muito próximos ao Criador, em função da aplicação da lei universal de causa e efeito. Assim, perto d'Ele, não são dualistas, expressam-se em similitude ao Uno e não se prendem a julgamentos de certo ou errado, bem ou mal e milagre ou pecado, como nos impuseram no inconsciente, por milênios de culpa, as religiões judaico-cristãs. O que, aparentemente, pode ser um mal em nossa limitada avaliação, para uma entidade Exu é o necessário para reencaminhar um filho à equidade de suas ações.

Imaginemos que uma determinada pessoa não admita que seu esposo seja médium umbandista. Além de colocar seu nome em uma corrente de orações da igreja que frequenta, arquiteta ir junto com o pastor e mais um grupo de obreiros até o terreiro fazer um "barraco" no dia da sessão frequentada pelo esposo. Ao sair de casa para encontrar os demais, o Exu guardião do médium em questão, autorizado pelo guia-chefe do terreiro no Astral, dá um "toque" em seus ouvidos, fazendo-a ter uma crise de labirintite, o que a impede de concretizar suas intenções. Numa outra tentativa, novamente advém a crise de labirintite e a esposa intrometida é impedida de interferir na opção religiosa do marido. Alguns dirão: "Nossa, isso é uma maldade!". Para Exu, nada mais é do que a aplicação da lei, dado que nossa irmã não está respeitando o livre-arbítrio do companheiro e, individualmente, premedita um escândalo diante de uma coletividade. Perde, assim, todo o direito de ação e tem a lei universal de causa e efeito aplicada contra si e potencializada pelo interesse coletivo em detrimento do egoísmo individual.

Exu não tem pena e não se liga emocionalmente; ele simplesmente cumpre a aplicação da lei, doa a quem doer. Exu se apresenta de diferentes formas, dependendo do meio onde atuará. Em um meio de baixa vibração, ele será denso e horripilante para impor respeito. Nos páramos celestiais, iguala-se em beleza aos arcanjos, como vemos nas imagens católicas. Obviamente, se não houver merecimento para a atuação de Exu, de nada adianta pedir. Há que se comentar que os pedidos e oferendas para que Exu faça o mal a outrem, arrume namoradas, consiga empregos, derrube desafetos, traga amor de volta e tantas outras artimanhas desrespeitosas para com o livre-arbítrio e o merecimento do próximo nada têm a ver com os verdadeiros Exus da Umbanda. O terreiro pode até trazer na fachada o nome "Umbanda", mas aí o engambelo, o engodo e a mistificação se fazem presentes, pois o falso Exu tripudia em cima do verdadeiro

Exu, ancorando-se no imediatismo das pessoas que o invocam. Enquanto esse escambo do toma lá dá cá persistir, teremos falsos Exus como temos falsos caboclos, pretos velhos, ciganos etc., tal qual existem engenheiros corruptos, médicos que fazem aborto e advogados que aceitam propina.

Um assunto que impressiona e que veio à tona no referido dia de estudo à luz de velas diz respeito aos despachos nas portas dos cemitérios e os assédios nos enterros. Diz-se que os espíritos dos recém-desencarnados poderiam ser capturados ou que os seus restos fluídicos cadavéricos poderiam ser vampirizados. Mesmo em um ambiente de aparente anarquia, como os muros e portas dos cemitérios, onde todas as sextas-feiras são feitas centenas de oferendas com animais imolados (dando muito trabalho para o departamento municipal de limpeza urbana, no sábado bem cedo), existe uma hierarquia espiritual que organiza e disciplina os substratos astrais inferiores, na maioria das vezes invisíveis aos seus habitantes. Temos que considerar que um cemitério é um local de movimentação coletiva e, quanto maior o número de enterros diários, mais reforçada é a proteção. Não é à toa que, na Umbanda, é chamado de campo santo. Existem barreiras magnéticas de proteção e falanges espirituais zelando pelos desligamentos. Consideremos que as tumbas mortuárias são quase inexpugnáveis, salvo nos casos em que são permitidas as violações no Astral. Tenhamos em mente que determinados espíritos, suicidas indiretos (como os alcoolistas, os viciados em drogas e os motoristas que ultrapassaram os limites de segurança e acabaram morrendo prematuramente), não cumpriram o prazo necessário de permanência nos corpos físicos, já que vieram programados com um quantum de energia para "x" anos de vida. Quando interrompem essa programação, mesmo que inconscientemente, têm de cumprir o prazo de vida restante ficando seus perispíritos "grudados" nos despojos carnais, ou seja, não serão desligados dos restos cadavéricos até que expire o tempo de vida que ainda teriam que viver. Nesses casos, os Exus de cemitérios – de calunga – zelarão pela integridade das tumbas mortuárias, como também acompanharão e assistirão de perto os desligamentos daqueles que têm merecimento. Num próximo capítulo falaremos do trabalhos dos Exus de calunga, sob a égide do Orixá Omulu e Iansã, especialmente da legião de Exus "Tata Caveira", fiel guardiã da Lei Divina nas zonas abissais do Plano Astral.

O simbolismo da cruz e da encruzilhada

"E, se querem saber o meu nome, que seja este: Caboclo das Sete Encruzilhadas, porque não haverá caminhos fechados para mim."(Assim se identificou o espírito com a missão de fundar a Umbanda, através do médium Zélio Fernandino de Moraes, em 1908, numa sessão de mesa em um centro espírita de Niterói/RJ.)

Quem de nós nunca viu um "despacho", o famoso "bozó" ou trabalho feito em uma encruzilhada de rua? Muitos pensam ser isto coisa de "Exu". Sem dúvida, Exu de fato está ligado aos entrecruzamentos dos caminhos, mas são caminhos metafísicos, relacionados aos destinos individuais e coletivos.

O simbolismo da encruzilhada, e consequentemente da cruz, está presente em muitas religiões, sendo, assim, universal. O Mestre Jesus enalteceu e ao mesmo tempo popularizou a imagem da cruz, caminhando ao seu encontro, carregando-a e sacrificando-se pela humanidade, momento em que culminou a vivência do seu destino naquela encarnação (programa de vida como ser humano) que contemplava o seu calvário missionário redentor, objetivando nos deixar o sublime e libertador evangelho.

A cruz, com seus quatro "braços" que apontam para os quatro pontos cardeais, é símbolo de orientação no espaço, para que a jornada humana não seja perdida. O ponto de cruzamento entre a vertical e a horizontal simbolicamente significa o estágio da consciência que venceu a ilusão da matéria e começa a galgar outros níveis de compreensão espiritual, coisa que Jesus já tinha feito há muito tempo antes de sua reencarnação terrena.

A encruzilhada, portanto, é um lugar de encontro, um momento de mudança de rumo, que leva a outro estágio espiritual ou, simplesmente, de uma situação existencial a outra. A vida nos coloca sempre em encruzilhadas, onde somos obrigados a escolher que atitude tomar, por isso se diz que é nas encruzilhadas que se encontra a construção dos nossos destinos. Assim, as encruzilhadas, isto é, os cruzamentos de caminhos, são espaços sagrados decorrentes do plano de vida de cada criatura, daí a responsabilidade e o respeito que se deve ter ao passarmos por qualquer uma delas.

O hábito arraigado no meio urbano, fruto das práticas mágicas populares, de se depositar ou se arriar oferendas para determinadas "entidades", com o objetivo de se conseguir um amor, dinheiro, imóveis, negócios, a popular "abertura de caminhos"... é realizado se aproveitando da "inocência" das pessoas que, sem o conhecimento devido, não sabem que o que se conseguir dessa maneira será passageiro, transitório, fugaz, assim como em latim a palavra encruzilhada é conhecida como *trivium*, significando aquilo que é trivial, que é efêmero.

Outro aspecto preocupante é o tipo de espírito que é atraído para uma oferenda com carne ou animais sacrificados, que ficam expostos em putrefação. São entidades dominadas por outras calejadas nos entrecruzamentos do "embaixo", que são os submundos umbralinos, e que acham que ainda estão vivas num corpo de carne, sentem fome, sede, libido, necessidades fisiológicas como urinar e defecar como se fossem humanos. São serventia dos piores tipos de obsessores, os ditos "senhores das encruzas" do Astral inferior, que comandam verdadeiras hordas hipnotizadas, das quais, não raro, um ou outro escapa, se vinculando ao ofertante e passando a morar com ele, na sua casa, no seu trabalho, sentindo suas sensações, literalmente colado em sua aura. São os quiumbas mais baixos da escala, os famosos "rabos de encruza", que o Exu Guardião da Umbanda confronta diretamente quando atua nos entrecruzamentos vibratórios mundanos que têm sua contrapartida terrena nas encruzilhadas urbanas que são pontos de entrega deste tipo de oferenda.

Em verdade, as encruzilhadas são escoadouros etéreo-astrais naturais, onde os Exus Guardiões da Umbanda descarregam vibrações, no sentido de "desmanchar" e "decantar" certas energias enfermiças, que a Engira de passes e aconselhamentos no terreiro conseguiu transmutar em energias saudáveis no campo psíquico de cada consulente atendido, obviamente em conformidade com o seu merecimento, para depois serem devolvidas aos pontos de força da natureza, em conformidade com a afinidade de cada vibração movimentada: ar, água, fogo, terra...

Há que se considerar que na Umbanda, diferentemente de outras formas de mediunismo mentalista, exige-se todo um preparo no manejo de fluidos – energias etéricas – que não podem ficar parados no espaço interno do terreiro, sob pena de alterarem os pontos de forças de imantação dos Orixás, como são seus assentamentos vibratórios e o próprio congá. Além do que, a sutileza do perispírito dos Guias Astrais, Caboclos e Pretos Velhos é naturalmente antagonista a este tipo de vibração densa e, se ficar algum resíduo, provavelmente teremos quebras de corrente ou instabilidades nas incorporações mediúnicas. Não por acaso, a cada sessão pública de caridade, o zelador ou chefe de terreiro refaz as firmezas energéticas, trocando os elementos e consagrando novamente os campos de forças através de palavras propiciatórias de encantamento.

As encruzilhadas são lugares simbólicos de reflexão para escolha dos caminhos que temos de seguir, mas também são lugares naturais, de intenso fluxo de pensamentos profanos, que têm serventia magística para que os EXUS, que atuam sob a égide da Lei de Umbanda, se desvencilhem das negatividades por nós criadas ou atraídas em determinadas situações de nossas vidas: doenças, obsessões, enfeitiçamentos, mau olhado, quebranto, inveja...

Outro aspecto profundo e infelizmente ainda oculto e mal compreendido, referente às encruzilhadas, é o equívoco de só serem associadas aos cruzamentos urbanos. Em verdade, as encruzilhadas são uma representação simbólica de algo muito maior, os entrecruzamentos vibratórios dos próprios Orixás e a atuação dos mesmos de acordo com o merecimento, momento existencial e livre-arbítrio de cada um de nós. Se os Orixás são vários e ligados aos elementos planetários e aos pontos de forças da natureza, seus correspondentes entrecruzamentos etéreo-astrais representam um universo abundante e de infinitas possibilidades para todos.

Quando o Caboclo das Sete Encruzilhadas disse que para ele não haveria caminhos fechados, e quando Ramatís nos orienta que as potencialidades de Deus dormitam em nós e reforça o convite de Jesus para fazermos brilhar a nossa Luz, vejamos como a Umbanda é uma religião próspera e como ela nos convida a assumir essa abundância em nós! Em cada local criado por Olurum que se expressa em nossa natureza planetária, existem contrapartidas energéticas que se entrecruzam num manancial de fluidos em movimentos inimagináveis a olho nu.

Certa feita, durante o sono físico, um espírito Exu feminino se apresentou com o nome Bombogira das Águas, dizendo-me que estaria ali para fazer um trabalho bioenergético com as pessoas que haviam sido atendidas horas antes no terreiro, por sua vez também desdobradas[1]. Tais consulentes foram conduzidos por esse espírito a um sítio vibratório, a um rio que se forma da queda de uma cachoeira, e me vi incorporado pela entidade em desdobramento Astral, sendo o meu Corpo Astral fora do corpo físico tomado pela Bombogira num perfeito acoplamento áurico entre ambos. Nesta experiência,

---

[1]Desdobramento Espiritual é o nome que se dá ao fenômeno de exteriorização do corpo espiritual ou perispírito, também chamado Corpo Astral. O perispírito, ainda ligado ao corpo físico pelo duplo etéreo, distancia-se dos mesmos, fazendo agora parte do mundo espiritual ou Plano Astral, ainda que esteja ligado ao corpo por fios fluídicos e pelo cordão de prata; fenômenos estes naturais que repousam sobre as propriedades do perispírito.

escutava as cantorias de louvação a Oxum com os toques dos atabaques, a entidade dançava por cima das águas e rodava sua saia, e dela saíam raios iridescentes que formavam redemoinhos coloridos sobre a superfície do rio. Os consulentes, também desdobrados durante o sono físico, passavam pelo meio deste imenso vórtice energético, saindo mais "luminosos" (antes estavam pardacentos) com suas cores astrais mais vivas e, ao mesmo tempo, uma água preta escorria rio abaixo, encaminhando-se lentamente para as margens, onde se localizam as lamas decantadoras de Nanã.

Refletindo sobre as encruzilhadas, creio realmente que sejam uma representação simbólica de algo muito maior, que são os entrecruzamentos vibratórios dos próprios Orixás e a atuação dos falangeiros de acordo com o merecimento, momento existencial e livre-arbítrio de cada um de nós. Se Orixás existem vários, seus entrecruzamentos representam um universo abundante e de "infinitas" possibilidades para todos. Vejo como a Umbanda é uma religião de profundos fundamentos e como ela nos convida a assumir um processo interno de espiritualização, gerando prosperidade e abundância em nós, tornando nossos passos mais firmes nas encruzilhadas da vida que perpassam o destino a que somos guindados; inevitavelmente da ameba ao homem, do homem ao anjo, e finalmente do anjo ao arcanjo! Afinal, todos nós somos viventes no oceano cósmico dos Orixás, irradiações divinas.

Esclarecimentos sobre as oferendas de rua

No Brasil, principalmente nos locais onde existe um maior número de templos afro-brasileiros, notadamente no Estado do Rio Grande do Sul, observamos um acúmulo de oferendas em calçadas, ruas, esquinas, praças, praias e locais públicos no geral, onde a legislação estadual protege esse tipo de oferenda, sob a alcunha de liberdade religiosa.

Não vamos esmiuçar as diferenças entre a Umbanda, o Candomblé, o Batuque gaúcho e outras vertentes religiosas de matriz africana, que têm pontos em comum e diferenças entre si. Há que se assumir, infelizmente, que, independente de elementos de ritos utilizados por uma ou outra religião, muitos "umbandistas" fazem oferendas em locais externos, inclusive em cemitérios.

Lamentavelmente, contribuímos fazendo com que as pessoas classifiquem isso pejorativamente como macumba (a palavra "macumba", propriamente dita, é um instrumento de percussão), nos considerando relaxados e poluidores dos espaços públicos urbanos. Ocorre que se formam verdadeiros lixões a céu aberto por conta de oferendas, pessoas depositando plásticos, garrafas, animais sacrificados e comidas em lugares de uso comum, fazendo com que os garis tenham mais trabalho ainda, além do péssimo exemplo que damos à sociedade laica. Debruçamo-nos sobre um dilema: como que essas religiões, que defendem e cultuam a natureza, fazem este tipo de coisa?!

O problema não está nessas religiões, e sim nas pessoas que as praticam, muitas vezes com carência de informação ou educação, propiciando esses erros absurdos e, consequentemente, denegrindo a imagem de uma cultura milenar. Para oferendarmos junto à natureza, não precisamos poluí-la, e no momento em que oferecemos presentes através de oferendas, não pode haver nada que a agrida. Talvez o maior exemplo disso, no Brasil inteiro, sejam as próprias festas para Iemanjá (Orixá dos mares). A força sagrada que vibra nos oceanos não precisa de sabonetes, batons, espelhos. Para os Orixás, os maiores presentes estão nos nossos gestos diários, como ajudar o próximo. Porém, se você quer fazer uma oferenda com algo material, faça com flores e nunca com plásticos, nem mesmo enfeites nas flores, como fitas e laços. Não contribuamos para sujar ainda mais o planeta, destruindo a natureza.

Esse pensamento deve ser adotado por todos os conhecedores das religiões afro-brasileiras e da Umbanda, pois se algo é depositado nas ruas, em locais públicos, e principalmente agredindo a natureza, a pessoa deve ser informada de que aquele ato viola a natureza e a polui, fazendo com que o objetivo daquela oferenda, que é agradá-la, só a machuque. Não podemos ser coniventes com a intolerância religiosa; por isso, temos o dever de informar, de nos instruirmos nos rituais e liturgias, de respeitarmos o próximo e os espaços públicos. Ao leigo damos munição para nos julgar preconceituosamente como ignorantes e primitivos. Sem dúvida, contribuímos para taxarem a Umbanda como "macumba".

No momento que vivemos de acirramento da intolerância religiosa, damos munição aos que nos atacam. Nós, da Umbanda e das religiões mediúnicas, somos "demonizados" a cada despacho encontrado em áreas urbanas de uso comum.

Assim é Exu...
Exu é assim...

À s vezes incompreendido, até temido, tantas amado, mas sempre honesto, alegre, feliz, direto no que tem a nos dizer. Assim é Exu, ou Exu é assim; incansável combatente da maldade que o próprio homem alimenta no mundo.

Entendemos que as entidades que atuam como Exus são como guardiões de nossos caminhos (nossas encruzilhadas cármicas). A vibração dessa linha atua numa faixa de retificação evolutiva, fazendo com que muitas vezes sua atuação seja confundida com o mal, o que não é de forma alguma verdadeiro. Se um Exu atua numa faixa de correção, muitas vezes no escopo de seu trabalho, alguém vai sofrer alguma mazela por puro efeito de justo retorno.

Os espíritos que atuam irradiando seus médiuns durante os ritos públicos nos diversos templos de Umbanda que manejam e atuam na vibração de Exu são calejados nas lides e na psicologia da vida. Desprovidos de sentimentalismos na aplicação da lei cármica.

Há de se ter bem claro que Exu não faz mal a ninguém, ao menos os verdadeiros. Quanto aos espíritos embusteiros e mistificadores que estão por aí, encontram sintonia em mentes desavisadas e sedentas por facilidades de todas as ordens.

Os Exus atuam diretamente no nosso lado sombra e são os grandes agentes de assepsia das zonas umbralinas. Em seus trabalhos, cortam demandas, desfazem feitiçarias e magias negativas feitas por espíritos malignos, em conluio com encarnados que usam a mediunidade para fins nefastos. Auxiliam nas descargas, retirando os espíritos obsessores e encaminhando-os para entrepostos socorristas nas zonas de luz no Astral, a fim de que possam cumprir suas etapas evolutivas em lugares de menos sofrimento.

Vamos ao recado de um Exu, que começa assim:

Ele é um grande Orixá, ele é o chefe da calunga, ele é seu atotô!
Obaluaê! Cadê a chave do baú? Está com mestre Omulú!

"A letra deste ponto cantado deve vos levar a muitas e profundas reflexões.

Temos o mesmo Orixá com dois nomes: Obaluaê - o novo – e Omulú – o velho –, simbolizando o ciclo da vida física e espiritual na matéria, que se inicia no nascimento de um bebê e se encerra com a morte na velhice. Observemos que tudo no Universo teve um início e, inexoravelmente, quase tudo terá um fim. Nós, espíritos, somos infinitos. Nada é eterno, só Deus.

Especificamente Obaluaê/Omulu rege a transformação, a necessidade de compreensão do carma, da regeneração e evolução. Representa o desconhecido e a morte, a terra renovadora para a qual voltam todos os corpos putrefatos, a terra que não guarda apenas os componentes visíveis da vida, mas também o segredo do ciclo oculto desta vida – a transmutação –, eis que nada se perde no Cosmo. Por isso, Omulu/Obaluaê é o chefe da calunga – cemitério – que, simbolicamente, é o rito de passagem da 'morte', onde se encerra o ciclo na matéria, para o reinício de uma nova fase no mundo espiritual. Sua saudação – atotô – significa 'Silêncio! Ele está aqui!', demonstrando o respeito que devemos ter por este sagrado Orixá, Regente e Senhor do carma, pois é o responsável pelo aspecto divino do Criador que autoriza a geração dos corpos físicos que devereis ter nas encarnações, em concordância com a saúde e/ou doenças que vivenciareis na materialidade para escoadouro de vossos débitos, novamente incitando-vos à evolução espiritual.

E qual o simbolismo e significado de a chave do baú estar com o mestre Omulú?

Omulú, sendo a representação do velho, traz com ele a sabedoria da experiência adquirida. Com a chave, este Orixá abre e fecha o baú – vosso corpo físico –, abrigando nele, a cada encarnação transitória, o vosso espírito imortal.

Então, por causa da imaturidade espiritual, os cidadãos, com seus primarismos instintivos e atávicos, egoístas e de muito pouco amor, também colocam no 'baú' de cada existência na face do orbe todo tipo de quinquilharia – mazelas e negatividades – do passado e do presente, mantendo a vossa condição de seres imaturos que ainda não conseguem ter a chave do destino nas mãos, prejudicando seriamente o futuro. Assim como as crianças que passeiam num grande parque de diversões não podem ficar a sós, sob o risco de se machucarem, Omulú tem a chave do baú com Ele, zelando para que vos aconteça o que é de melhor para o espírito, como exímio mestre e professor, pois ainda dependeis dos regentes do carma para vos auxiliarem na longa trilha da evolução. Outros há que só querem acumular riquezas materiais e enchem o 'baú' da vida de bens e posses ilusórias, chegando ao cemitério com as contas bancárias cheias, mas no além-túmulo com o baú vazio de valores espirituais, ou, o que é pior, cheio de inimigos e resgates cármicos a serem novamente transmutados na próxima encarnação. Deste outro lado da vida, eu já tenho a chave firme em minha mão.

Exu, o Senhor do Destino diante das Leis Divinas, no tempo não erra nunca.

E você, que está nos lendo, quando terá a chave do baú na sua mão?

Ah, ah, ah!!!"

Exu Tiriri da Calunga[2], psicografado por Norberto Peixoto

Seu Omuluê, seu omuluê, seu omuluê, Omulú é Orixá
O velho Omulu é o dono do tempo,
Não para nunca de andar
E todo o peso do mundo
Carrega em seu xaxará[3].

---

[2] Sr. Tiriri da Calunga trabalha sob a égide de Omulu-Obaluaê. Atua como Exu de "cemitério", na faixa de auxílio fraternal necessário nos entrechoques vibratórios ocasionados pelas consciências que ainda não despertaram da morte física, que já estão desencarnadas, mas se acham "viventes" do mundo físico, perambulando imantadas aos vivos nos corpos físicos – materialistas convictos que estão "mortos" para os valores espirituais. Raramente dá consulta individual, atuando preponderantemente no Plano Astral. É sério, sábio, reservado, discreto, de muita ação e poucas palavras.

[3] Instrumento ritual do Orixá, que "aspira" as impurezas do mundo.

CAPÍTULO 17

Exu: Senhor dos Caminhos e Guardião Executor dos destinos individuais e coletivos (Odus)

Ao longo do tempo, inserido no processo de aculturação sob o crivo do clero eclesiástico católico, que tinha o poder de vida e morte até sobre os nobres coloniais, foram se adaptando no imaginário coletivo os nomes atribuídos a EXU, que não condizem com a realidade do sentido original de ESHU da cosmogonia nagô. Com o devido respeito a todas as denominações que são utilizadas nas diversas Tronqueiras existentes na Umbanda, infelizmente ainda ESHU é visto com a figura do "diabo" medieval da Igreja e mostrado em imagens dessa forma. É chegada a hora, na Umbanda do século XXI, de revermos certos nomes e aparências de gesso que estão cristalizados no imaginário popular, sem fundamentos com a essência magística de EXU, que se mostram ameaçadores e objetivam só causar temor às pessoas desavisadas ainda presas aos conceitos punitivos de um "inferno" de labaredas eternas. EXU é o Senhor dos Caminhos, da Felicidade, Mensageiro Divino, o Senhor da Realização, o Senhor do Poder de Movimento, enfim, o Senhor da Realização Pessoal e Guardião Executor dos Destinos – Odus.

Odus são presságios, destinos, predestinações. A palavra Odu, por si mesma, significa caminho, no sentido de destino, aquilo que a pessoa traz ao mundo quando nasce e que vai regê-la por toda a vida. Está relacionado com o programa de vida do reencarnante, as experiências pelas quais terá que passar na matéria ocupando um corpo físico para o seu próprio burilamento e melhoramento de caráter.

Uns dizem que são a vontade de Deus, mas, em verdade, são profundamente matemáticos e probabilísticos. Ou seja, os Odus são como predições que nos sinalizam os caminhos, mas não são os caminhos, pois nós, os caminhantes, temos que percorrê-los e temos livre-arbítrio, e não existe um determinismo rígido. Exu, sendo o Guardião Executor dos nossos caminhos, fará de tudo para que possamos percorrê-lo, "dificultando" quando queremos milagres e "facilitando" quando estão complicando nossas vidas e temos merecimento a nosso favor.

A mitologia Iorubá diz o seguinte:

> *"Orunmilá revelava aos homens as intenções do supremo Deus Olurum e os significados do destino. Orunmilá aplainava os caminhos para os humanos, enquanto Exu os emboscava na estrada e fazia incertas todas as coisas. O caráter de Orunmilá era o destino, o de Exu o acidente."*

Nota do Médium, escrita junto com o nosso irmão Milton Lopes Teixeira[4]

Esses dias passei por uma situação que me fez pensar um pouco sobre o destino. Íamos visitar uma pessoa da família que estava muito mal na UTI de um hospital. Era quase certo que ela não sobreviveria aos próximos três dias. E falávamos sobre a situação, de como era injusta a doença para esta mãe, nova, boa pessoa... Até que surgiu a expressão de consolo: "é... **é a vontade de Deus**". Daí pensei: mas, como assim, "é a vontade de Deus"? Será que o destino de nossa irmã estava traçado? Será que nossa vida não passa de um filme cujo

---

[4] Venerável Mestre da Loja Maçônica Mista Triângulo da Fraternidade.

roteiro fazemos apenas interpretar? Será que, não importa o que façamos, o resultado será sempre o mesmo? Será que a situação dela não poderia ser outra? Será que não ocorrera um erro médico? Será que o tratamento fora o mais adequado? Será que ela teve acesso aos medicamentos mais indicados? Será que foi tudo feito no tempo devido?

Desses questionamentos, decorreu logicamente pensar em livre-arbítrio. Temos realmente livre-arbítrio? Ele é absoluto ou relativo?

Basicamente, sobre este assunto existem três posições possíveis:

1. **O Determinismo**;
2. **O Livre-Arbítrio Absoluto**;
3. E um misto dos dois, o **Livre-Arbítrio Relativo**.

Então, resolvi fazer uma pequena pesquisa sobre o tema, para ver como a humanidade tratou deste assunto ao longo da história. Para os Vedantas, haveria um plano traçado, mas que seria aberto à mudança pelo agir. Para os Estoicos, o futuro seria tão inalterável quanto o passado – portanto, zero de livre-arbítrio.

No Epicurismo, tudo que existe seria o caos, tudo é obra do acaso, muito semelhante ao pensar do Existencialismo de Sartre, segundo o qual "acreditar em um futuro com cartas marcadas equivaleria a escapar da responsabilidade de tomar decisões", o que redundaria, em última análise, em um mundo sem sentido, vazio, triste.

Para o Cristianismo, a crucificação de Jesus fazia parte dos planos divinos, que se cumpriram com a traição de Judas, que, neste caso, estaria predestinado a ser mau. Para Calvino, Deus escolheu de antemão os que se salvam e os que não se salvam. Para o Vaticano e a teologia Muçulmana, o livre-arbítrio seria uma peça necessária à responsabilidade moral.

Para as doutrinas e religiões reencarnacionistas, mormente o Espiritismo, bem resumidamente falando, o livre-arbítrio seria o fundamento da condição humana, posto que nossa evolução espiritual decorreria diretamente das escolhas que fazemos em cada encarnação. Viríamos para esta vida com um plano traçado, normalmente com a nossa participação, para que possamos passar por aquelas situações que nos dariam a oportunidade de acertar velhas diferenças, velhas dificuldades, velhas dívidas. E, para tanto, esse plano nos colocaria no local mais adequado, na condição social mais necessária, na família mais afim, no país cultural que precisamos no corpo mais útil... Tudo pensado para que possamos eliminar nossos débitos pretéritos e agir positivamente em prol de nossa evolução espiritual em cada encarnação. Mas será que dá tudo certinho? Será que nós agimos como foi planejado? Será que os outros agem de acordo com o planejado para nós e para eles? Enfim, este plano reencarnatório interfere de alguma forma no nosso livre-arbítrio?

No meu modo de ver, e de acordo com o que podemos inferir da própria literatura, pode ocorrer de tudo: pode ser que o plano seja alcançado total ou parcialmente; pode ser que o espírito recaia nas mesmas circunstâncias negativas e tenha que voltar para outra tentativa. Ou seja, na prática o que existe é uma probabilidade de que o plano venha a se cumprir, mas não certeza. Este plano também poderia ser chamado de Darma, que decorre do Carma, que é palavra de origem sânscrita que pode ser conceituada como o conjunto das ações individuais e coletivas, que, pela ação da Lei de Ação e Reação, vai gerar as suas consequências. É uma decorrência natural do exercício do livre-arbítrio. O carma é composto por muitas linhas divergentes e conflitantes decorrentes das diversas ações harmônicas e desarmônicas que cometemos no passado. A linha de tendência resultante de todas essas múltiplas ações aponta numa determinada direção e assume um determinado propósito alinhado com a ordem divina do Universo e de nossa vida em particular. Essa direção – ou plano – é o Darma. Para atingirmos o nosso darma, temos de navegar nas "ondas" revoltas do carma, até que essas ondas estejam todas alinhadas e não exista mais diferença entre o carma e o darma. Mas nem tudo é colheita no carma. Longe disso. Há inúmeros erros novos sendo plantados o tempo todo. Há centenas de milhares de novas injustiças sendo cometidas pela primeira vez. Mas também há inúmeros acertos e boas ações sendo praticadas pela primeira vez. Todos esses desequilíbrios e equilíbrios terão que ser reparados e compensados a seu devido tempo.

Um dos princípios fundamentais da filosofia esotérica ensina que, através da lei da reencarnação, todo o esquema da natureza funciona e evolui de modo perfeitamente justo. Este axioma da sabedoria eterna necessita ser examinado com bom senso. De fato, todo o esquema da natureza é justo. Disso não há a menor dúvida. Mas ele é justo no sentido de que está sempre corrigindo a si mesmo, e não no sentido de que faz perfeita justiça em cada um dos seus momentos, vistos isoladamente.

Neste sentido, muito interessante é a observação do Dr. J. Graig Venter acerca da interpretação do DNA, publicada no livro *Uma Vida Decodificada*: "Não se pode definir uma vida ou qualquer vida com base apenas no DNA. Sem entender o ambiente no qual as células ou a espécie existem, é impossível entender a vida. O ambiente do organismo é, em última análise, tão único quanto seu código genético". O que significa isso? Que até o DNA – o plano genético do nosso corpo – pode ser influenciado pelo ambiente, que é um somatório de tudo que nos rodeia, e se alterar, ou seja, ter um resultado prático diferente do plano. O que dizer, então, do nosso plano reencarnatório ou darma? Como podemos acreditar em determinismo?

Penso que o mais sensato é acreditar que vivemos um Livre-Arbítrio Relativo. Por que relativo? Porque vivemos uma vida de relação social em que o resultado que buscamos é influenciado por muitas coisas que não estão sob nosso controle, que dependem de diversas alternativas e que não são certezas, apenas probabilidades.

E o que Exu tem a ver com isso? Da mitologia Iorubá, temos o seguinte: "Orunmilá revelava aos homens as intenções do supremo Deus Olurum e os significados do destino. Orunmilá aplainava os caminhos para os humanos, enquanto Exu os emboscava na estrada e fazia incertas todas as coisas. O caráter de Orunmilá era o destino, o de Exu o acidente".

Neste mito temos o exemplo de como às vezes Exu é incompreendido, pois tudo é incerto e, simbolicamente, Exu nos mostra isso nos acidentes de percurso. E por que não temos certezas nos caminhos? Exatamente porque temos livre-arbítrio e somos seres gregários inseridos numa rede de causas e efeitos muito maior do que podemos controlar e prever. Por exemplo, se em vidas passadas assassinávamos concorrentes de negócios considerados inimigos, a probabilidade ligada ao nosso Odu de nascimento jogará contra nós para a realização profissional e empresarial na presente vida, havendo acidentes neste caminho "causados" por Exu. Como não existe injustiça no Cosmo, os "acidentes" causados por Exu são como a pedra que joguei ontem para o alto e que caiu na minha cabeça hoje.

CAPÍTULO 18

**Bombogira: Exu mulher,
o preconceito com o sagrado feminino e
a intolerância inter-religiosa**

A Bombogira, na Umbanda, é a contraparte feminina de Exu. Originalmente, na estrutura cosmogônica nagô, Exu é masculino, não existindo Exu feminino. Ocorre que a Umbanda sofreu influência também de origem bantu – Angola –, que tem divindades chamadas inquices (nkise), entre elas Aluvaiá, Bombogira, Vangira, Pambu Njila.

É o símile ao Orixá Exu dos nagôs na contraparte feminina responsável pela comunicação entre as divindades e os homens. Está nas ruas, é a este Nkise que pertencem as "bu dibidika jinjila" (encruzilhadas). Naturalmente, por associação, a Umbanda, tendo surgido no estado do Rio de Janeiro, de forte influência africana bantu, foi absorvendo em seu panteão a figura de Bombogira, dando oportunidade a uma plêiade de espíritos comprometida em se manifestar na polaridade feminina – mulheres – vir a trabalhar no mediunismo.

Infelizmente, o imaginário popular construiu uma entidade – arquétipo – de mulher liberada, exibicionista, provocante e livre das convenções sociais, um espírito da luxúria, sendo que todos os prazeres deste mundo lhe são agradáveis. Ocorre que o senso comum das massas sempre entende no aspecto pejorativo a liberação do sagrado feminino e a não restrição culposa da participação da mulher no sacerdócio dentro de uma religião popularizada nas periferias, como ainda é a Umbanda.

Entendemos a Bombogira como mensageira junto aos Orixás femininos, trabalhando na magia que envolve principalmente aspectos a serem ajustados por desequilíbrio das humanas criaturas: abortos, traições amorosas, feitiços sexuais... O fato de algumas dessas entidades, em seu passado, terem sido prostitutas não as desmerece, assim como Maria de Magdala (Maria Madalena) foi a grande apóstola de Jesus. Nossa percepção de pureza espiritual é hipócrita e, sob a luz da reencarnação, todos nós somos "impuros", pois já fomos assassinos, cafetões, corruptos, traidores... em algum momento existencial do nosso passado remoto. Esquecemos, ou talvez muitos de nós nem nos damos conta, que Deus é Pai e Mãe. Neste sentido, a mitologia dos Orixás nos ensina muito se soubermos interpretar suas ricas metáforas, recheadas da presença das grandes mães em todo o processo de criação, ao contrário das religiões patriarcais, em que as mulheres são exploradas, preconceituadas e submissas.

Na Umbanda, que não é uma religião patriarcal, as mulheres são igualadas aos homens. A Bombogira é inserida no contexto doutrinário umbandista para subverter o senso distorcido do que seja o sagrado, dando condições de igualdade de direitos a todos, no âmbito religioso, familiar, social e político. Certamente, isso contraria a ortodoxia vigente de outras religiões instituídas que demonizam a Bombogira da mesma maneira que fizeram com Exu.

Isso se observa notadamente na religião neopentecostal, em que a ideologia que os rege é salvacionista e punitiva, sacrificial, baseada no Velho Testamento. Encontram nos cultos afro-brasileiros e nas "Umbandas" e "candomblés" das práticas mágicas populares os inimigos diabólicos para atacarem com o objetivo de "roubar" deles os frequentadores. Na verdade, oferecem, em essência, os mesmos serviços espirituais, só que numa forma ritual diferente e reversa, pois são símiles ao que atacam, tendo em seus cultos transes de "possessão", sessões de descarrego, banhos de sal grosso e arruda, sacudimentos desobsessivos, fogueira da rosa ungida, unção na cabeça com o óleo das oliveiras pelos pastores etc. Intensificou-se radicalmente o modelo de religião que se sustenta na experiência do transe ritual com estados alterados de consciência, vivida no próprio corpo dos prosélitos, característica que até então era da Umbanda, dos cultos afro-brasileiros e do espiritismo kardecista.

Uma característica marcante dos pentecostais, até o surgimento do novo movimento, era tratar as religiões mediúnicas como folclore, crendice, imaginação ou ignorância. Ao inovarem, reconheceram a existência das divindades dos cultos afro-brasileiros e dos guias da Umbanda, notadamente Exu e Bombogira. Enquanto entidades desencarnadas, os neopentecostais dão veracidade à mediunidade e a Exu e Bombogira, classificando-os numa generalização às avessas (todo o Universo se compõe de "espíritos demoníacos" e o único espírito bom é o "santo" que se manifesta nos cultos de suas igrejas). Daí, para justificarem a verdade de que os espíritos existem e influenciam a vida das pessoas, precisam constantemente exorcizar essas manifestações.

Esses ataques são investidas públicas. Sob o ponto de vista dos atacantes, afora os pueris motivos religiosos, o que está por trás dessa violência é a intenção de aumentar e manter a igreja cheia de dizimistas. O ataque se traveste de evangelização libertadora do demônio, mas, na verdade, faz parte de uma estratégia belicosa eivada de discriminação, preconceito e intolerância, disputando o rico mercado mágico religioso.

Toda e qualquer denominação dos deuses de outras religiões é perseguida. Cabe aos "soldados de Jesus" manter a "guerra santa", dando prosseguimento à obra de Jesus Cristo de perseguição aos demônios, como se lê em João 3:8: "Para isto se manifestou o filho de Deus: para destruir as obras do diabo".

O panteão afro-brasileiro sofre forte e intensa demonização, num claro processo de tentativa de inculturação que objetiva a rejeição popular à inserção social das religiões mediúnicas, especialmente as de origem africana. Os demônios estão "materializados" nas incorporações mediúnicas e nos despachos das encruzilhadas e das praças urbanas. Dessa forma, resta aos obreiros neopentecostais destruir os cultos afro-brasileiros e a Umbanda, colocados em uma generalização discriminadora junto com as práticas mágicas populares fetichistas, ricas de sortilégios mágicos, assim como um pai de família desempregado, ao roubar um cacho de banana, é preso e recolhido à cela da delegacia com frios criminosos assassinos.

O Velho Testamento, sendo baseado na lei mosaica do "olho por olho, dente por dente", versa preponderantemente sobre intolerância religiosa. Reportemo-nos diretamente ao Evangelho de Jesus, em essência, libertador dos atavismos e das punições violentas. Diz, em Marcos 9:38-41:

38 – E João lhe respondeu, dizendo: Mestre, vimos um que em teu nome expulsava demônios, o qual não nos segue; e nós lho proibimos, porque não nos segue.

39 – Jesus, porém, disse: Não lho proibais; porque ninguém há que faça milagre em meu nome e possa logo falar mal de mim.

40 – Porque quem não é contra nós, é por nós.

41 – Porquanto, qualquer que vos der a beber um copo de água em meu nome, porque sois discípulos de Cristo, em verdade vos digo que não perderá o seu galardão.

Os próprios discípulos de Jesus repreenderam uma pessoa que trabalhava em nome do Mestre porque não andava com eles. Jesus Cristo admoestou os discípulos e orientou-os a não proibir o trabalho desse indivíduo. Sabia o Mestre que as videiras da Boa Nova não nasceriam só da lavra de seus apóstolos. Seus ensinamentos, libertadores em essência, deveriam ser semeados por todos aqueles que se identificassem moralmente, independente de crença ou denominação de culto terreno, assim como a semente não escolhe o solo para nascer.

Concluindo este capítulo, a espiritualidade superior que arquitetou a Umbanda sinalizou a todos que não estava fechada para ninguém e que, tal como Jesus havia feito, também acolheria a mulher infiel, mal amada, frustrada e decepcionada com o sexo oposto em nossa sociedade dissimulada. Bombogira não é Orixá e sim um arquétipo poderoso que desmancha o falso moralismo ainda vigente. Exímias psicólogas libertam muitas pessoas de profundos recalques e traumas psíquicos que, se Freud tivesse conhecido, não teria sido tão atormentado com suas descobertas sobre a personalidade oculta dos seres humanos.

Capítulo 19

**Legião de Exus "caveira":
Fiel guardiã da Lei Divina nas
zonas abissais do Plano Astral**

Os espíritos que atuam na Umbanda também operam no seio da fenomenologia mais densa do Astral inferior. A realização do desmancho das organizações trevosas, algo muito complexo pelo meio inóspito em que acontece, requer certa "especialização" que somente os Exus alcançaram, tal qual a polícia convoca o técnico arrombador para abrir o cofre de que ninguém conhece o segredo ou o desarmador de bombas que poucos se atrevem a chegar perto!

Os Exus "caveira" atuam no limite entre a vida carnal, que se esvai, e a vida além-túmulo, que inicia. São inferiores aos olhos limitados dos homens, que se sentem superiores e eleitos direitistas do Cristo, dando palestras verborrágicas às multidões em centros assépticos, ventilados e bem iluminados. Porém, essa tarefa é da mais alta dignidade, na visão espiritual dos Maiorais do Espaço. É uma tarefa "ingrata" se comparada à de Jesus – com suas vestes suadas, sandálias puídas e pés empoeirados –, que curava nos leprosários. Os modernos e refrigerados templos religiosos, qualificados assim em pompas pelo gordo ofertório dizimista, mantêm os seus pastores bem vestidos, perfumados e penteados qual atores novelescos, algo incompatível com a entrega evangélica do Mestre em terrenos arenosos e causticantes ou com a de um Exu "caveira" ou "da calunga" atuando nas frentes assistenciais dos desligamentos dos "recém-mortos" da Terra.

Pensemos em nossas cidades sem o recolhimento do lixo urbano, sem policiamento ostensivo ou sem o trabalho da guarda penitenciária, e teremos um quadro semelhante do que seria o Plano Astral sem os trabalhos dos prestimosos Exus. Claro está que nada se perde na espiritualidade, tudo se transforma e conspira para a evolução. Muitas são as frentes de trabalho ofertadas a espíritos que necessitam de um "salto" evolutivo. Pela natural consequência das leis de causalidade que regem a harmonia cósmica, os espíritos que atuam numa legião de Exus "caveira" têm carmas semelhantes, embora distintos, o que torna impossível elencarmos um a um.

Então, para maior elucidação do tema, segue um texto do Senhor João Caveira, um Exu atuante na Umbanda e nas faixas vibratórias dos cemitérios, que auxilia o Senhor Exu Tiriri das Sete Encruzilhadas neste cruzamento vibratório específico, das passagens do lado de cá para o lado de lá:

"Agradeço pela oportunidade e esforço para estarmos na mesma faixa mental, junto ao presente médium. Longe de querermos elevar-nos, pois não perdemos tempo deste lado da vida com firulas e floreios, nem é da minha maneira de ser, não poderia deixar de registrar o quanto o trabalho dos Exus contribui direta e intensivamente para a higienização das zonas abissais do planeta, enquanto muitos, equivocadamente, nos evocam ofertando farofas com bifes crus ou uma penosa degolada, pensando que temos fome e nos vendemos por um prato e fluídos densos. Do lado de cá, metemos a mão na cumbuca, para quem sabe futuramente conseguirmos minimizar um pouco as hecatombes da natureza contra o orbe, em decorrência das destrutivas ações humanas. Deferências feitas, voltemos à nossa história. Não poderia ser diferente, tive várias encarnações, mas uma me marcou especialmente e me trouxe às faixas vibratórias 'infernais' onde hoje atuo. Vim para o Brasil em uma nau portuguesa. Era um jovem príncipe nagô e fui retirado da minha nação e clã, perdendo o cetro sacerdotal que herdaria do meu pai. Cá chegando, fui misturado com escravos de outras origens e etnias africanas, o que me causou muito ódio. Eu, um príncipe de alta ascendência étnica do Ketu, no meio da plebe, numa senzala! Logo me vi destituído de qualquer insígnia sacerdotal diante da mistura racial de nações e também pelo fato de ser muito jovem. Um africano mais velho assumiu as tarefas religiosas no interior da nossa senzala, o que só fez aumentar em mim o orgulho ferido, o ódio e os ciúmes. Trabalhei arduamente na plantação e colheita de cacau, pois era muito forte e alto. Logo caí nas graças do patrão, dono da fazenda, que me prometeu alforria se eu me tornasse capataz dos escravos. Assim, eu, um espécime de negro nagô da raiz da antiga e pujante cidade do Ketu, tornei-me o maior algoz do meu povo e de todas as outras nações africanas no interior da Bahia, prestando serviços para inúmeros fazendeiros escravistas. Perseguia os ritos religiosos e não dava trégua aos fugitivos, até capturá-los de volta. Eu era muito bom em persegui-los e meu passatempo predileto era trazê-los de volta e decapitá-los, deixando suas cabeças expostas em galhos de árvores para os urubus se alimentarem, ou em cima de formigueiros para as formigas vorazes rapidamente devorarem os olhos e sobrarem dois buracos horripilantes nas faces. Para um nagô, isso é a pior coisa que pode acontecer: não aplicar o ritual do axexê aos mortos. Dessa forma, eles não se tornariam amoruns, ou seja, habitantes do Orum – o céu em nossa crença. Então, arrancando a cabeça e deixando para os urubus ou para as formigas comerem, eu, intencionalmente, não permitiria a retirada do Ori (iniciação que assenta o Orixá no corpo). Tratava-se de um ritual de retirada simbólica, em que eram retirados alguns fios de cabelo do topo da cabeça, onde era feita a iniciação, conforme a religião praticada, propiciando aos espíritos dos mortos que vivessem no orum e, ao mesmo tempo, que fossem cultuados de tempos em tempos como ancestrais. Eu os tornava, com requintes de sadismo e crueldade, espíritos presos na crosta, mendigos do Além-túmulo, sem lugar adequado para existirem, contrariando suas crenças religiosas. Ao desencarnar, assassinado pelos negros escravos numa cilada no meio da plantação de cacau, tive meu corpo decapitado e os pedaços foram jogados para os cachorros. No outro lado da vida, sofri nas mãos de todos aqueles que assassinei, até o dia em que caí exaurido e chorei copiosamente, pedindo perdão aos Orixás do meu clã. Nesse momento, apareceu na minha frente meu pai, que tinha ficado na África e que eu nunca mais tinha visto. Sacerdote zeloso para com os Orixás e para com o nosso clã e a nossa crença, me abraçou calorosamente e apresentou-se como Pai João das Almas, me dizendo: 'Agora sou um pescador de Olurum, que é o Deus onipotente, que nos deu vida e não faz separação. Todos somos filhos d'Ele e irmãos de uma mesma família. Sendo filhos da mesma mãe e do mesmo pai espiritual, não pode haver diferença entre nós e a todos são dadas as mesmas oportunidades de redenção. O Deus onipotente, o Criador do Universo, nos remete ao diálogo para com todas as almas perdidas'. Com suas palavras doces e sábias, ele me perguntou: 'Queres ajuda daquele que acredita no que profanaste em tua última e recente vida?'. Em prantos, disse que sim e caí em seu colo. Acordei no Astral em uma estação socorrista nagô ligada ao Brasil. Em pouco tempo, fiquei forte e recuperado como o jovem de outrora. Informaram-me que estava se formando uma nova religião no Brasil, decorrente da perseguição religiosa e da proibição dos negros e dos índios de se manifestarem através da mediunidade. Deram-me a oportunidade de trabalhar em uma legião de Exus caveira e também um novo nome, passando eu a ser, simbolicamente, mais um João como muitos outros, embora com uma história própria, como todos os demais. Então, desde o início do século passado, cá estou no Astral brasileiro, sob a bandeira da Divina Luz, a Umbanda. Já poderia ter reencarnado, mas pela urgência e pelo tamanho da empreitada assistencial nas zonas trevosas do orbe (que cada vez se avolumam mais nestes tempos chegados), do lado de cá vou ficando, com as bênçãos dos Orixás Exu e Oxalá."

Um caso de atendimento no terreiro com o Senhor Exu João Caveira

As sutilezas para impedir um médium de comparecer nos dias de sessão pública são muitas. Recentemente, uma das médiuns repentinamente começa a sentir uma dor intensa na perna esquerda, "casualmente" numa sexta-feira, que é o dia em que ocorrem os nossos atendimentos de passes e consultas, havendo grande movimentação de consulentes.

Esta médium falta para ir ao médico, pois não suportou a dor, a ponto de não conseguir pisar no chão. Fez vários exames pela medicina terrena e nada de anormal foi descoberto, ficando sem um diagnóstico conclusivo. E a dor continuou um pouco mais branda nos dias seguintes de sua ausência no terreiro.

No dia da sessão seguinte, telefona para a secretaria, deixando recado de que a dor voltou a aumentar e vai ter que ir novamente ao médico.

Quando me deram o recado, estava trocando os elementos do congá; senti uma fisgada na perna esquerda e me entrou um pensamento que não era meu, mas que não identifiquei de qual guia seria, sendo isso de menos importância naquele momento, mas senti com certeza que era de um dos Exus da casa. O recado era:

"Será que esta danada não vai se dar conta de que tem coisa aí? Ela tem que vir com dor e tudo. Não diga nada à médium, que precisa se dar conta da situação por seu esforço e merecimento para seu próprio aprendizado mediúnico..."

Chegando a hora da sessão, a médium aparece mancando, mas nada falamos. No ritual de abertura, durante a incorporação dos médiuns da corrente, eu já vibrando no chácra coronário com Caboclo

Ventania, repentinamente este guia se afasta de minha sensibilidade e dá passagem do seu aparelho para o Exu Sr. João Caveira, que sutilmente se apropria do meu psiquismo, sendo que não houve nenhuma exteriorização visível à corrente de médiuns para que pudessem perceber a diferença. A intenção foi chamar o menos possível da atenção e não dispersar a concentração, pois estávamos com aproximadamente 180 pessoas aguardando para serem atendidas. Rapidamente, Sr. João Caveira orienta que continuem o ritual, chama a filha na tronqueira de Exu – local reservado, interno, de firmeza desta vibração dentro do templo, atrás do congá –, pede um charuto e um alguidar – vasilhame de argila – com água. Acende o charuto, mastiga-o e cospe o sumo no alguidar. Ficou uma espécie de lavagem escurecida pelo fumo mastigado, na verdade um tipo de maceração. Ato contínuo, a médium está a postos com a perna dolorida na frente da tronqueira. Aí lava sua perna, mandando-a imediatamente trabalhar e dar consulta normalmente, dizendo que a dor iria passar e que não tinha tempo para maiores palavreados. Recomenda que ela venha na segunda para um atendimento individual e orientação adequada.

Na segunda-feira, na hora do atendimento da médium, manifesta-se novamente Sr. João Caveira e pede duas moedas, e começa a bater uma na outra. Este som serve de chamariz para o espírito do pé gigante que está pedindo esmola, hipnotizado e "grudado" na médium, que, por ressonância, sente a dor na perna, já que este espírito desencarnou com um tipo de trombose por embolia, que se generalizou na perna, entupindo gradativamente os vasos sanguíneos, o que fez inchar enormemente o pé esquerdo, impedindo-o de andar, o que serviu para que ele pedisse esmolas e sobrevivesse disto quando estava "vivo". Foi encaminhado este sofredor para a linha de OMULU no Astral, Orixá de cura, para os devidos esclarecimentos e cuidados.

Pergunta então Sr. João Caveira:

"Filha, o que acha de pedir esmola e o que você faz com este monte de moedas guardadas em casa?"

A médium diz que tem horror de pedir esmolas e se lembra de que tem uma panela velha cheia de moedas antigas no seu quarto e que sempre solicita aos seus parentes moedas para guardar, desde há muito tempo, pois tem o hábito de guardá-las para apreciar, como um tipo de coleção preciosa.

Sr. João Caveira explicou:

"Minha filha, as moedas são movimento, troca, bonança, progresso. Ao deixá-las paradas numa panela esquecida, só para o seu deleite, enquanto são de sua posse, o que não significa poupança, impregnaram-se vibrações de avareza e cobiça, imantando o vil metal, que pode atrair espíritos em mesma faixa de sintonia mental, atração esta que é potencializada nos processos de indução obsessiva arquitetados pelos inimigos do terreiro objetivando tirá-los de suas vindas ao trabalho mediúnico. Vocês devem vigiar suas afinidades, manias, cacoetes. A ligação mediúnica é sutil e se dá de forma que não se percebe, às vezes naquilo que é o mais comum na conduta diária. Na maioria dos casos, a psicologia para alijar os médiuns é inteligente e certeira."

Cabe aqui o esclarecimento do motivo de as entidades usarem o fumo. Claro está que as folhas da planta chamada "tabaco", que estão enroladas e picotadas, formando o charuto, absorvem e comprimem uma grande quantidade de fluido vital telúrico enquanto estão em crescimento, cujo poder magnético é liberado através das golfadas de fumaça quando usadas pelas entidades. Essa fumaça espargida libera princípios ativos altamente benfeitores, desagregando as partículas densas do ambiente. O tabaco, ao ser mastigado e cuspido pelo Sr. João Caveira enquanto estava vibrando no psiquismo do médium, que aos olhos mais zelosos do purismo doutrinário vigente em muitos centros pode parecer um absurdo ou maneirismo indisciplinado dos umbandistas, na verdade liberou seus princípios ativos físicos e químicos que ficaram em suspensão concentrados na saliva e daí foram dispersos ao serem macerados na água, que, quando usada na lavagem da perna da médium atendida, serviu como eficaz "detonadora" dos miasmas e vibriões astrais que estavam impregnando a contraparte etérica da sua perna e por um efeito de repercussão vibratória da energia deletéria do obsessor que estava com ela, causando a vermelhidão e a dor.

E quanto à panela velha? Tinha catorze quilos de moedas, das mais antigas às atuais. Foi trazida para o terreiro para ser desmagnetizada, dado que estava servindo como um tipo de amuleto para fixação de espíritos sofredores pedintes de esmolas. As moedas foram lavadas com arruda e guiné, sendo renovadas na imantação com essas folhas na vibração de Oxoce, Orixá regente de nosso congá. Posteriormente, as moedas foram alojadas em local propiciatório para geração de axé – energia – para a prosperidade e abundância do terreiro, cujo local não temos autorização de dizer. É o "segredo" para a magia de Exu não perder o encanto.

Iah, ah, ah, ah
Exu João Caveira
Vem das matas da Guiné
Chegou nesta Seara
Prá salvar filhos de fé
Ele vem chegando
Prá trabalhar

Saravá meu pai
Saravá

O preto por ser preto
Não merece ingratidão
O preto fica branco e o branco fica preto
Na outra encarnação
No tempo da escravidão
Como o senhor me batia

Eu chamava por Nossa Senhora, Meu Deus!
Como as pancadas doíam

Moço, vou lhe apresentar, vou lhe apresentar
Um espírito de luz pra lhe ajudar (oi, moço...)
Ele é João Caveira, ele é filho de Omulu
Quem quiser falar com ele, salve, Exu!
João Caveira vem,
Vem me ajudar (bis)
Mironga é boa só pra quem sabe girar.
Eu corro o céu, corro a terra, corro o mar, Também corro encruzilhada e cemitério para todo mallevar.

Eu andava perambulando sem ter nada pra comer.
Vim pedir às Santas Almas para virem me socorrer...
Foram as Almas que me ajudaram,
Foram as Almas que me ajudaram.
Saravá, minhas Santas Almas!
Viva Deus, nosso Senhor!

LEIA TAMBÉM

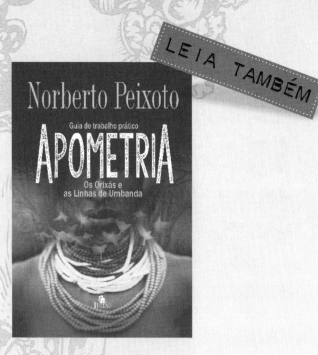

Norberto Peixoto
16x23cm / 168 págs. / ISBN: 978-85-5527-022-2

Apometria é uma técnica terapêutica disponibilizada pelo plano espiritual para atendimento fraterno. Ela respeita e convive em perfeita sintonia com todas as religiões que se orientam na prática do amor e do bem. A experiência de Norberto Peixoto como médium sacerdote e dirigente de trabalho desobsessivo apométrico deu origem a esta obra indispensável e esclarecedora para todo trabalhador e pesquisador espiritualista. É um guia prático que pode ser aplicado em qualquer agrupamento, desde que seja universalista e aberto à manifestação mediúnica dos Falangeiros de Aruanda. Mesmo abordando conteúdos complexos, como a metodologia de trabalho, a mediunidade e a obsessão com o uso de tecnologia extrafísica, o desdobramento espiritual induzido, a nefasta síndrome dos aparelhos parasitas, as ressonâncias de vidas passadas, a invocação das linhas dos Orixás na dinâmica dos atendimentos, a magia negativa e outros temas do Universo da Umbanda, a maneira didática e a linguagem simples do autor os tornam acessíveis e de fácil entendimento.

www.legiaopublicacoes.com.br